Steuerfachbücher

Herausgegeben von
Professor Dr. Klaus von Sicherer

Bisher erschienene Werke:

Kirsch, Besteuerung von Gesellschaften
Seigel, Betriebliche Steuerlehre - Arbeitsbuch
Seigel, Bilanzsteuerrecht - Arbeitsbuch
von Sicherer, Einkommensteuer, 2. Auflage

Bilanzsteuerrecht

Arbeitsbuch

Von
Professor
Dr. Günter Seigel

R. Oldenbourg Verlag München Wien

Die Deutsche Bibliothek - CIP-Einheitsaufnahme

Seigel, Günter:
Bilanzsteuerrecht : Arbeitsbuch / von Günter Seigel. -
München ; Wien : Oldenbourg, 2002
(Steuerfachbücher)
ISBN 3-486-25883-4

Rosenheimer Straße 145, D-81671 München
Telefon: (089) 45051-0
www.oldenbourg-verlag.de

Gedruckt auf säure- und chlorfreiem Papier
Druck: MB Verlagsdruck, Schrobenhausen
Bindung: R. Oldenbourg Graphische Betriebe Binderei GmbH

ISBN 3-486-25883-4

Vorwort

Dieses Arbeitsbuch vermittelt das praxisrelevante Grundwissen über das Bilanzsteuerrecht. Der Schwerpunkt liegt auf den prüfungsanfälligen Vorschriften.

Im Einzelnen wird nach der Darstellung der Rechtsgrundlagen des Bilanzsteuerrechts und der Buchführungspflicht schwerpunktmäßig auf die grundlegenden Bilanzierungs- und Bewertungsvorschriften eingegangen. Den Entnahmen und Einlagen, den Rückstellungen und der Bilanzänderung samt Bilanzberichtigung sind jeweils ein gesondertes Kapitel gewidmet. Das Arbeitsbuch schließt mit einem kurzen Abriss der Mehr- und Weniger-Rechnung ab.

Dem Leser wird dringend empfohlen, die angegebenen Rechtsgrundlagen (Paragraphen der Gesetze sowie die Abschnitte der Richtlinien) nachzuschlagen und sorgfältig zu lesen.

Der Einsatz des Lehrmittels „Fragen und Antworten" hat zu vergleichsweise besseren Klausurergebnissen geführt. Die Verwendung von Arbeitsbüchern in Frage- und Antwortform scheinen ein besonders geeignetes Mittel zur Prüfungsvorbereitung zu sein. Der Verfasser ist daher für erhellende Hinweise dankbar.

Auf einen störenden und sperrigen Fußnotenapparat wurde in diesem Arbeitsbuch weitgehend verzichtet. Im Wesentlichen wurde nur die unmittelbare inhaltliche Entlehnung von Beispielsfällen direkt kenntlich gemacht. Die Standardlehrbücher, aus denen zwangsläufig zahlreiche Anregungen zu den Fragen und Antworten entstammen, wurden im Literaturverzeichnis angegeben. Weiterführende Literaturangaben befinden sich am Anfang der Kapitel sowie im Literaturverzeichnis.

Für wertvolle Hinweise und Verbesserungsvorschläge sowie für das Lesen des Manuskriptes danke ich meiner Ehefrau Monika Seigel. Ihrer langjährigen Erfahrung als Steuerberaterin verdanke ich zahlreiche praxisrelevante Fragen. Nicht zuletzt danke ich dem Verlag für die harmonische Zusammenarbeit.

Dieses Arbeitsbuch basiert auf den von mir an der Fachhochschule Gelsenkirchen, Abt. Bocholt, gehaltenen Vorlesungen und Übungen im Grundstudium.

Bocholt Günter Seigel

Inhaltsverzeichnis

Abkürzungsverzeichnis

a.a.O.	am angegebenen Ort
Abs.	Absatz
Abschn.	Abschnitt
AG	Aktiengesellschaft
AktG	Aktiengesetz
Anm.	Anmerkung
AO	Abgabenordnung
Art.	Artikel
Aufl.	Auflage
BdF	Bundesminister der Finanzen
BewG	Bewertungsgesetz
BFH	Bundesfinanzhof
BFM	Bundesfinanzministerium
BGBl	Bundesgesetzblatt
BStBl	Bundesteuerblatt
BT-Drucks.	Bundestags-Drucksache
BVerfG	Bundesverfassungsgericht
EGHGB	Einführungsgesetz zum Handelsgesetzbuch
EStDV	Einkommensteuer-Durchführungsverordnung
EStG	Einkommensteuergesetz
EStH	Einkommensteuer-Hinweise
EStR	Einkommensteuer-Richtlinien
f	folgende
ff.	fortfolgende
GenG	Genossenschaftsgesetz
GmbH	Gesellschaft mit beschränkter Haftung
GoB	Grundsätze ordnungsmäßiger Buchführung
GrS	Großer Senat
HGB	Handelsgesetzbuch
i.d.F.	in der Fassung
i.H.v.	in Höhe von
i.S.d.	im Sinne des
i.S.v.	im Sinne von
i.V.m.	in Verbindung mit

Nr.	Nummer
OHG	Offene Handelgesellschaft
R	Richtlinien
v.H.	vom Hundert

Bilanzsteuerrecht

1. Rechtsgrundlagen des Bilanzsteuerrechts

Literaturhinweis: Dicken, A., Bilanzsteuerrecht, Hamburg 1994. S. 1 ff.

1. In welchen Gesetzen befinden sich die Rechtsgrundlagen des Bilanzsteuerrechts?

Die **Rechtsgrundlagen** des **Bilanzsteuerrechts** befinden sich im **Handelsgesetzbuch** und in den **Steuergesetzen**.

2. Welches sind die zentralen Vorschriften des Handelsrechts, die als Rechtsgrundlagen des Bilanzsteuerrechts in Betracht kommen?

Die zentralen Vorschriften des Handelsrechts, die als Rechtsgrundlagen des Bilanzsteuerrechts in Betracht kommen, sind die **§§ 238 – 283 HGB** (Drittes Buch des HGB: Handelsbücher).

3. In welchen Steuergesetzen befinden sich die zentralen Vorschriften des Steuerrechts, die als Rechtsgrundlagen des Bilanzsteuerrechts in Betracht kommen?

Die zentralen Vorschriften des Steuerrechts, die als Rechtsgrundlagen des Bilanzsteuerrechts in Betracht kommen, befinden sich in der **Abgabenordnung** und insbesondere im **Einkommensteuergesetz**.

4. Welche Vorschriften der Abgabenordnung sind für das Bilanzsteuerrecht von Belang?

Für das Bilanzsteuerrecht sind vor allem die Vorschriften der **§§ 140, 141 AO** von Belang, die die **Buchführungspflicht** regeln.

5. Welche Vorschriften des Einkommensteuergesetzes sind für das Bilanzsteuerrecht von Belang?

Für das Bilanzsteuerrecht sind vor allem die Vorschriften der **§§ 4 - 7k, 9b EStG** von Belang. Diese Vorschriften enthalten **„die bilanzsteuerrechtlichen Regelungen“**. Sie sind im **Teil II** (Einkommen) des **Einkommensteuergesetzes** enthalten. Die **wichtigsten Vorschriften** für die **Steuerbilanz** sind hierbei in den **§§ 4 bis 7 EStG** fixiert. **Weitere Bestimmungen** sind in der **Einkommensteuer-Durchführungsverordnung** enthalten, und zwar in **§ 8b EStDV** (Wirtschaftsjahr) und in **§ 11c EStDV** (Absetzung für Abnutzung bei Gebäuden).

6. Bestehen neben den Gesetzen weitere Vorschriften, die bilanzsteuerrechtliche Regelungen enthalten?

Bilanzsteuerrechtliche Regelungen sind neben den Gesetzen in den **Einkommensteuer-Richtlinien** (EStR) und den **Hinweisen** zu den **Einkommensteuer-Richtlinien** (EStH) als **Verwaltungsanweisungen** zu den einzelnen Paragraphen des Einkommensteuergesetzes enthalten.

7. Welche Bedeutung hat die Rechtsprechung des Bundesfinanzhofs für das Bilanzsteuerrecht?

Die Rechtsprechung des Bundesfinanzhofs hat eine **große Bedeutung** für das Bilanzsteuerrecht. Sie ist in hohem Maße in den Einkommensteuer-Richtlinien und den Hinweisen zu den Einkommensteuer-Richtlinien berücksichtigt. Nur in wenigen Fällen sind die Entscheidungen des Bundesfinanzhofs über den entschiedenen Fall hinaus nicht weiter anzuwenden (sog. Nichtanwendungs-Erlasse).

2. Buchführungspflicht

Literaturhinweise: Dicken, A., Bilanzsteuerrecht, Hamburg 1994, S. 4 ff.; Falterbaum, H./Bolk, W./Reiß, W./Eberhart, R., Buchführung und Bilanz, 18. Aufl., Achim 2001, S. 43 ff.

1. Welche Vorschriften verpflichten Einzelunternehmen, Personengesellschaften und Kapitalgesellschaften Bücher zu führen und regelmäßig Abschlüsse zu machen?

Die Vorschriften des **Handelsrechts**, und zwar die Vorschriften der §§ 238 – 245, 257 – 261, 264 – 264c, 336 HGB, § 91 AktG, § 41 GmbHG und § 33 GenG verpflichten Einzelunternehmen, Personengesellschaften und Kapitalgesellschaften, Bücher zu führen und regelmäßig Abschlüsse zu machen.

2. Welche Vorschrift beinhaltet die handelsrechtliche Buchführungspflicht?

§ 238 Abs. 1 Satz 1 HGB beinhaltet die handelsrechtliche Buchführungspflicht.

3. Was besagt § 238 Abs. 1 Satz 1 HGB?

Nach § 238 Abs. 1 Satz 1 HGB ist **jeder Kaufmann** verpflichtet, Bücher zu führen und in diesen seine Handelsgeschäfte und die Lage seines Vermögens nach den Grundsätzen ordnungsmäßiger Buchführung (GoB) ersichtlich zu machen. **Handelsrechtlich** buchführungspflichtig sind demnach **alle Kaufleute i.S.d. HGB**.

4. Welche Unterscheidung ist hinsichtlich der steuerrechtlichen Buchführungspflicht zu treffen?

Hinsichtlich der steuerrechtlichen Buchführungspflicht ist zwischen der **originären** und der **derivativen** Buchführungspflicht zu unterscheiden.

5. Was besagt die derivative Buchführungspflicht des § 140 AO?

Die **derivative** Buchführungspflicht des **§ 140 AO** besagt, dass diejenigen, die nach **anderen Gesetzen** als den Steuergesetzen Bücher zu führen und Aufzeichnungen zu machen haben, die für die Besteuerung von Bedeutung sind, diese Pflichten auch für die Besteuerung zu erfüllen haben. Damit wird die steuerrechtliche Buchführungspflicht aus dem Handelsrecht abgeleitet.

6. Was besagt die originäre Buchführungspflicht des § 141 AO?

Die **originäre** Buchführungspflicht nach **§ 141 AO begründet** für **Gewerbetreibende** und für **Land- und Forstwirte** die Buchführungspflicht, wenn die einzelnen Betriebe die nachstehenden **Grenzen** erreicht haben **und** sich für diese Betriebe eine Buchführungs- und Aufzeichnungspflicht nicht aus § 140 AO ergibt.

Merkmal	Land- und Forstwirte	Gewerbetreibende
Umsatz	260.000 €	260.000 €
Wirtschaftswert	20.500 €	-
Gewinn	25.000 €	25.000 €

7. Die Grenzen des § 141 Abs. 1 AO werden einmalig überschritten. Tritt Buchführungspflicht ein?

Werden die Grenzen des § 141 Abs. 1 AO **einmalig** überschritten, wie z.B. durch einen außergewöhnlichen Geschäftsvorfall (Veräußerung von Grund und Boden oder die Zahlung einer Entschädigung), besteht die Möglichkeit, einen **Antrag auf Befreiung** von der Verpflichtung zur Buchführung zu stellen (§ 148 AO).

8. Wann beginnt die steuerliche Buchführungspflicht für die unter § 140 AO fallenden Steuerpflichtigen?

Die steuerliche Buchführungspflicht beginnt für die unter **§ 140 AO** fallenden Steuerpflichtigen bereits mit den **vorbereitenden Geschäften**. Der Zeitpunkt des Erwerbs der Kaufmannseigenschaft i.S.d. HGB ist insoweit ohne Bedeutung.

9. Wann beginnt die steuerliche Buchführungspflicht für die unter § 141 AO fallenden Steuerpflichtigen?

Die steuerrechtliche Buchführungspflicht für die unter **§ 141 AO** fallenden Steuerpflichtigen ist vom **Beginn** des Wirtschaftsjahres an zu erfüllen, das auf die **Bekanntgabe** der Mitteilung folgt, durch die die **Finanzbehörde** auf den Beginn dieser Verpflichtung hingewiesen hat (§ 141 Abs. 2 Satz 1 AO).

10. Wann endet die steuerliche Buchführungspflicht für die unter § 140 AO fallenden Steuerpflichtigen?

Die Buchführungspflicht für die unter **§ 140 AO** fallenden Steuerpflichtigen **endet** mit dem **Verlust der Kaufmannseigenschaft**.

11. Wann endet die steuerliche Buchführungspflicht für die unter § 141 AO fallenden Steuerpflichtigen?

Die Buchführungspflicht **endet** für die unter **§ 141 AO** fallenden Steuerpflichtigen mit Ablauf des Wirtschaftsjahres, das auf das Wirtschaftsjahr folgt, in dem die Finanzbehörde feststellt, dass die Voraussetzungen für die Buchführungspflicht nach dieser Vorschrift nicht mehr vorliegen (§ 141 Abs. 2 Satz 1 AO).

12. Wodurch unterscheiden sich Buchführungspflichten von Aufzeichnungspflichten?

Das Wesen der **Buchführung** besteht darin, dass mindestens sämtliche Geschäftvorfälle in einem oder mehreren **Grundbüchern** vollständig, richtig, zeitgerecht und geordnet erfasst werden (H 29 "Zeitgerechte Erfassung" EStH), ein

Geschäftsfreundebuch geführt wird (R 29 Abs. 1 EStR) und jährlich Abschlüsse mit **Bestandaufnahmen** gemacht werden (R 30 EStR, H 30 EStH).

Aufzeichnungen hingegen sind alle für die Rechnungslegung relevanten Notizen und Zusammenstellungen, die der Unternehmer freiwillig macht oder zu denen der durch Gesetz oder Verordnung verpflichtet ist.

13. Aus welchen Vorschriften ergeben sich Aufzeichnungspflichten?

Aufzeichnungspflichten ergeben sich aus der Abgabenordnung. Nach § 140 AO sind außersteuerrechtliche Aufzeichnungspflichten, die für die Besteuerung von Bedeutung sind, auch für die Besteuerung zu erfüllen. Daneben bestehen eine Reihe weiterer Vorschriften in der Abgabenordnung, insbesondere müssen gewerbliche Unternehmer den **Wareneingang** aufzeichnen (§ 143 Abs. 1 AO), andere wiederum den **Warenausgang** (§ 144 Abs. 1 AO).

Weitere Aufzeichnungspflichten ergeben sich aus dem **Umsatzsteuergesetz**, vor allem aus § 22 UStG i.V.m. §§ 63 – 68 UStDV. Nach dem **Einkommensteuergesetz** müssen bestimmte Aufwendungen i.S.d. § 4 Abs. 5 Nrn. 1 – 6, 6b und 7 EStG einzeln und getrennt von den sonstigen Betriebsausgaben aufgezeichnet werden (§ 4 Abs. 7 EStG).

3. Gewinnermittlung

Literaturhinweise: Dicken, A., Bilanzsteuerrecht, Hamburg 1994, S. 6 ff.; Falterbaum, H./Bolk, W./Reiß, W./Eberhart, R., Buchführung und Bilanz, 18. Aufl., Achim 2001, S. 907 ff.

1. Welche Methoden der Gewinnermittlung gibt es?

Es gibt folgende Methoden der Gewinnermittlung:

- Betriebsvermögensvergleich nach § 4 Abs. 1 EStG,
- Betriebsvermögensvergleich nach § 4 Abs. 1 i.V.m. § 5 EStG,
- Einnahmenüberschussrechnung nach § 4 Abs. 3 EStG,
- Ermittlung des Gewinns aus Land- und Forstwirtschaft nach Durchschnittssätzen nach § 13a EStG.

Zum Teil wird in diesem Zusammenhang auch die **Schätzung nach § 162 AO** angeführt, die allerdings keine Gewinnermittlungsmethode darstellt.

2. Wer ist zur Gewinnermittlung durch Betriebsvermögensvergleich nach § 4 Abs. 1 EStG verpflichtet?

Zum **Betriebsvermögensvergleich** nach **§ 4 Abs. 1 EStG** sind diejenigen verpflichtet, die

- weder eine Steuerbilanz nach § 5 Abs. 1 EStG
- noch eine Einnahmenüberschussrechnung nach § 4 Abs. 3 EStG aufstellen, und zwar

  1. Land- und Forstwirte, die nach §§ 140, 141 AO zur Buchführung verpflichtet sind oder freiwillig Bücher führen sowie
  2. Selbstständige nach § 18 EStG, die **freiwillig** Bücher führen.

3. Welche Gewinndefinition enthält § 4 Abs. 1 Satz 1 EStG?

Die **Gewinndefinition** nach **§ 4 Abs. 1 Satz 1 EStG** lautet:

Betriebsvermögen am Schluss des Wirtschaftsjahres
./. Betriebsvermögen am Schluss des vorangegangenen Wirtschaftsjahres
= Unterschiedsbetrag
\+ Entnahme
./. Einlage
= **Gewinn**

4. Wer ist zum Betriebsvermögensvergleich nach § 5 Abs. 1 EStG verpflichtet?

Zum Betriebsvermögensvergleich nach 5 Abs. 1 EStG sind **Gewerbetreibende** verpflichtet,

- die nach den §§ 140, 141 AO (derivativ, originär) zur Buchführung verpflichtet sind oder
- freiwillig Bücher führen.

5. Welches Betriebsvermögens ist bei der steuerlichen Gewinnermittlung nach § 5 Abs. 1 Satz 1 EStG anzusetzen?

Nach § 5 Abs. 1 Satz 1 EStG ist das **Betriebsvermögen** anzusetzen, das nach den **handelsrechtlichen Grundsätzen ordnungsmäßiger Buchführung** (GoB) auszuweisen ist. Damit basiert der Betriebsvermögensvergleich nach § 5 Abs. 1 Satz 1 EStG auf der **Handelsbilanz.** Die **Handelsbilanz** wird **maßgeblich** für die **Steuerbilanz** (Grundsatz der Maßgeblichkeit der Handelsbilanz für die Steuerbilanz).

6. Sind die steuerrechtlichen Bilanzierungswahlrechte bei der Gewinnermittlung in Übereinstimmung mit der Handelsbilanz auszuüben?

Nach § 5 Abs. 1 Satz 2 EStG **sind** steuerrechtliche Wahlrechte bei der Gewinnermittlung **in Übereinstimmung** mit der handelsrechtlichen Jahresbilanz auszuüben (umgekehrte Maßgeblichkeit).

7. Sind die handelsrechtlichen Vorschriften stets in der Steuerbilanz anzuwenden?

Die handelsrechtlichen Vorschriften gelten nur insoweit, als sie den steuerrechtlichen Vorschriften „über die Entnahmen und die Einlagen, über die Zulässigkeit der Bilanzänderung, über die Betriebsausgaben, über die Bewertung und über die Absetzung für Abnutzung oder Substanzverringerung" nicht zuwiderlaufen (Durchbrechung der Maßgeblichkeit der Handelsbilanz für die Steuerbilanz durch den **Bewertungsvorbehalt** des § 5 Abs. 6 EStG).

8. Ist bei der Gewinnermittlung nach § 4 Abs. 1 oder § 5 EStG der Einkommensteuererklärung die Steuerbilanz beizufügen?

Der Einkommensteuererklärung ist nach **§ 60 Abs. 1 Satz 1 EStDV** „eine Abschrift der **Bilanz**, die auf dem Zahlenwerk der Buchführung beruht", beizufügen.

9. Der Gesetzgeber verwendet in § 60 Abs. 1 Satz 1 EStDV den Begriff „Bilanz". Meint der Gesetzgeber mit dieser Formulierung die „Handelsbilanz" oder die „Steuerbilanz"?

Der Gesetzgeber meint mit der Formulierung „Bilanz" die **Handelsbilanz**.

10. Besteht für den Unternehmer somit keine Verpflichtung zur Aufstellung und Einreichung der Steuerbilanz?

Es besteht **keine** gesetzliche Vorschrift, wonach neben der Handelsbilanz eine gesonderte Steuerbilanz aufzustellen und einzureichen wäre. § 60 Abs. 2 Satz 1 EStDV verlangt lediglich, dass handelsrechtliche Ansätze oder Beträge, die den steuerlichen Vorschriften nicht entsprechen, durch Zusätze oder Anmerkungen den steuerlichen Vorschriften anzupassen sind. Statt diesen Zusätzen und Anmerkungen zur Handelsbilanz kann der Steuererklärung nach § 60 Abs. 2 Satz 2 EStDV auch eine den steuerlichen Vorschriften entsprechende Bilanz (= Steuerbilanz) beigefügt werden.

11. Wird in der Praxis neben der Handelsbilanz eine separate Steuerbilanz aufgestellt?

In der Praxis wird Schätzungen zufolge in 99 % der Fälle eine sog. **Einheitsbilanz** aufgestellt und beim Finanzamt eingereicht. Insbesondere nicht offenlegungs- und publizitätspflichtige Unternehmen stellen eine Einheitsbilanz auf.

12. Was versteht man unter der Einheitsbilanz?

Unter der **Einheitsbilanz** versteht man eine Handelsbilanz, die unter Befolgung der steuerlichen Vorschriften aufgestellt wird. Die Einheitsbilanz stellt somit zugleich eine Handelsbilanz und eine Steuerbilanz dar.

13. In welchen Fällen ist neben Steuererklärung und Bilanz auch die Gewinn- und Verlustrechnung einzureichen?

Nach § 60 Abs. 1 Satz 2 EStDV ist in den Fällen, in denen **Bücher** nach den **Grundsätzen der doppelten Buchführung** geführt werden, mit der Steuererklärung neben der Bilanz auch die **Gewinn- und Verlustrechnung** einzureichen.

14. Wie wird der Gewinn im Rahmen der Einnahmenüberschussrechnung nach § 4 Abs. 3 EStG ermittelt?

Bei der **Einnahmenüberschussrechnung** wird der Gewinn als **Überschuss der Betriebseinnahmen über die Betriebsausgaben** ermittelt (§ 4 Abs. 3 Satz 1 EStG).

15. Für welchen Zeitraum ist der steuerliche Gewinn zu ermitteln?

Steuerrechtlich ermitteln **Gewerbetreibende** und **Land- und Forstwirte** ihren Gewinn nach dem **Wirtschaftsjahr** (§ 4a Abs. 1 Satz 1 EStG).

16. Welche Steuerpflichtigen können ein vom Kalenderjahr abweichendes Wirtschaftsjahr haben?

Das **Wirtschaftsjahr** ist bei **Land- und Forstwirten** der **Zeitraum vom 1.7. bis zum 30.6.** (§ 4a Abs. 1 Satz 1 Nr. 1 EStG). Der **Gewinn** ist entsprechend dem zeitlichen Anteil **aufzuteilen** (§ 4a Abs. 2 Nr. 1 EStG).
Bei **Gewerbetreibenden**, deren Firma in das Handelsregister eingetragen ist, ist der Zeitraum Gewinnermittlungszeitraum, für den sie regelmäßig Abschlüsse erstellen (§ 4a Abs. 1 Satz 2 Nr. 2 EStG). Bei diesen gilt der **Gewinn** als in dem Wirtschaftsjahr bezogen, in dem das Wirtschaftsjahr **endet** (§ 4a Abs. 2 Nr. 2 EStG).
Bei Gewerbetreibenden, deren Firma nicht in das Handelsregister eingetragen ist, ist das **Kalenderjahr** Gewinnermittlungszeitraum (§ 4a Abs. 1 Satz 2 Nr. 3 EStG).

17. Darf der Gewinnermittlungszeitraum umgestellt werden?

Die **Umstellung** eines vom Kalenderjahr abweichenden Wirtschaftsjahrs auf einen mit dem Kalenderjahr übereinstimmenden Zeitraum kann **ohne Zustimmung** des Finanzamtes erfolgen. Dahingegen ist die **Umstellung** des Wirtschaftsjahrs auf einen vom Kalenderjahr abweichenden Zeitraum steuerlich nur wirksam, wenn die Umstellung **im Einvernehmen** mit dem Finanzamt erfolgt (§ 4a Abs. 1 Satz 2 Nr. 2 Satz 2 EStG).

18. Kann ein Wirtschaftsjahr weniger als 12 Monate umfassen?

Das Wirtschaftsjahr umfasst grundsätzlich einen Zeitraum von 12 Monaten (§ 8b Satz 1 EStDV). Es darf nach Satz 2 dieser Vorschrift einen Zeitraum von weniger als 12 Monate umfassen (Rumpfwirtschaftsjahr), wenn

1. ein Betrieb eröffnet, erworben, aufgegeben oder veräußert wird oder
2. von regelmäßigen Abschlüssen auf einen bestimmten Tag zu regelmäßigen Abschlüssen auf einen anderen bestimmten Tag übergegangen wird.

19. Ein Gewerbetreibender, dessen Firma ins Handelsregister eingetragen ist, hat ein Geschäfts- und Wirtschaftsjahr, das vom 1.10 bis 30.9 läuft. In 05 stellt er das Wirtschaftsjahr auf das Kalenderjahr um, ohne die Zustimmung des Finanzamts einzuholen. Der Gewinn des Wirtschaftsjahres 1.10.04 bis 30.9.05 beträgt 100.000 €, der Gewinn des Wirtschaftsjahres 1.10.05 bis 31.12.05 beträgt 35.000 €. Ist für die Umstellung des Wirtschaftsjahres auf ein mit dem Kalenderjahr übereinstimmendes Wirtschaftsjahr die Zustimmung des Finanzamts erforderlich und in welchem Wirtschaftsjahr ist der Gewinn zu versteuern?

Die Zustimmung des Finanzamtes ist nicht erforderlich (§ 4a Abs. 1 Satz 2 Nr. 2 EStG).

Der Gewinn gilt in dem Kalenderjahr bezogen, in dem das Wirtschaftsjahr endet (§ 4a Abs. 2 Nr. 2 EStG). In 05 enden das Wirtschaftsjahr 04/05 und das Rumpfwirtschaftsjahr. Folglich unterliegen die Gewinne des Wirtschaftsjahres 04/05 und die Gewinne des Rumpfwirtschaftsjahres in 05 der Besteuerung.

4. Bilanzierungsvorschriften

Literaturhinweise: Dicken, A., Bilanzsteuerrecht, Hamburg 1994, S. 26 ff.; Falterbaum, H./Bolk, W./Reiß, W./Eberhart, R., Buchführung und Bilanz, 18. Aufl., Achim 2001, S. 373 ff.

1. Welche handelsrechtlichen Bilanzierungsgebote gibt es?

Handelsrechtlich finden sich **Bilanzierungsgebote** in **mehreren** Vorschriften. Nach dem **Vollständigkeitsgebot** des **§ 246 Abs. 1 Satz 1 HGB** hat der Jahresabschluss **sämtliche** Vermögensgegenstände und Schulden, Rechnungsabgrenzungsposten, Aufwendungen und Erträge zu enthalten. Ferner sieht **§ 249 HGB** für **bestimmte Rückstellungen** eine ausdrückliche **Passivierungspflicht** vor.

2. Welche steuerrechtlichen Bilanzierungsgebote gibt es?

Über das **Maßgeblichkeitsprinzip** gelten die handelsrechtlichen **Bilanzierungsgebote** auch für die **Steuerbilanz**. Darüber hinaus bestehen einige ausdrücklich im Einkommensteuergesetz festgelegte **Bilanzierungsgebote**, und zwar für:

- entgeltlich erworbene immaterielle Wirtschaftsgüter des Anlagevermögens (§ 5 Abs. 2 EStG),
- aktive und passive transitorische Rechnungsabgrenzungsposten (§ 5 Abs. 5 Satz 1 Nr. 1 und 2 EStG),
- als Aufwand berücksichtigte Zölle und Verbrauchsteuern, soweit sie auf am Abschlussstichtag auszuweisende Wirtschaftsgüter des Vorratsvermögen entfallen (§ 5 Abs. 5 Satz 2 Nr. 1 EStG),
- als Aufwand berücksichtigte Umsatzsteuer auf am Abschlussstichtag auszuweisende Anzahlungen (§ 5 Abs. 5 Satz 2 Nr. 2 EStG).

Steuerrechtlich besteht außerdem ein Bilanzierungsgebot für alle Wirtschaftsgüter des **notwendigen** Betriebsvermögens.

3. Welche handelsrechtlichen Bilanzierungswahlrechte gibt es?

Handelsrechtlich bestehen neben den **Bilanzierungshilfen** des § 269 HGB für Aufwendungen zur Ingangsetzung und Erweiterung des Geschäftsbetriebs und des § 274 Abs. 2 HGB für aktive latente Steuerabgrenzung folgende Bilanzierungs**wahlrechte**:

- Sonderposten mit Rücklageanteil aus steuerlichen Gründen (§ 247 Abs. 3 HGB)
- Instandhaltungsrückstellungen bei Nachholung der Instandhaltung im 4. bis 12. Monat des nächsten Geschäftsjahres (§ 249 Abs. 1 Satz 3 HGB),
- Aufwandsrückstellungen (§ 249 Abs. 2 HGB),
- als Aufwand berücksichtigte Zölle und Verbrauchsteuern, soweit sie auf am Abschlussstichtag auszuweisende Vermögensgegenstände des Vorratsvermögen entfallen (§ 250 Abs. 1 Satz 2 Nr. 1 HGB),
- als Aufwand berücksichtigte Umsatzsteuer auf am Abschlussstichtag auszuweisende oder von den Vorräten offen abgesetzte Anzahlungen (§ 250 Abs. 1 Satz 2 Nr. 2 HGB),
- Disagio (§ 250 Abs. 3 HGB),
- entgeltlich erworbener Geschäfts- oder Firmenwert (§ 255 Abs. 4 HGB),
- Pensionsrückstellungen für **Altzusagen** (Art. 28 EGHGB),
- Bildung einer Wertaufholungsrücklage bei Kapitalgesellschaften (§ 58 Abs. 2a AktG und § 29 Abs. 4 GmbHG).

4. Welche steuerrechtlichen Bilanzierungswahlrechte gibt es?

Es bestehen die folgenden steuerrechtlichen Bilanzierungs**wahlrechte**:

- Pensionsverpflichtungen (§ 6a EStG) für Steuerpflichtige, die den Gewinn nach § 4 Abs. 1 EStG durch Bestandsvergleich ermitteln,
- Rücklagen für Reinvestitionen (§ 6b EStG).

5. Welche steuerrechtlichen Bilanzierungswahlrechte bestehen nach den Einkommensteuer-Richtlinien?

Nach den Einkommensteuer-Richtlinien bestehen die folgenden steuerrechtlichen Bilanzierungswahlrechte:

- Rücklage für Ersatzbeschaffung (R 35 EStR),
- Rücklage für Zuschüsse für Anlagegüter (R 34 Abs. 4 EStR).

6. Wie wirken sich handelsrechtliche Bilanzierungswahlrechte in der Steuerbilanz aus?

Bezüglich der **handelsrechtlichen Bilanzierungswahlrechte** gilt aufgrund des Beschlusses des Großen Senats aus dem Jahre 1969[1] folgendes:

- Handelsrechtliche Bilanzierungswahlrechte auf der Aktivseite führen zu steuerrechtlichen Bilanzierungsgeboten[2] und
- handelsrechtliche Bilanzierungswahlrechte auf der Passivseite führen zu steuerrechtlichen Bilanzierungsverboten.

Von diesem Grundsatz bestehen Ausnahmen (§ 5 Abs. 2a, 3, 4, 4a und 4b EStG).

7. Welche handelsrechtlichen Bilanzierungsverbote gibt es?

Handelsrechtliche Bilanzierungsverbote bestehen für

- Aufwendungen für die Gründung eines Unternehmens und für die Beschaffung des Eigenkapitals (§ 248 Abs. 1 HGB),
- nicht entgeltlich erworbene immaterielle Vermögensgegenstände des Anlagevermögens (§ 248 Abs. 2 HGB),
- andere Rückstellungen als die in § 249 Abs. 1 und 2 HGB aufgeführten Rückstellungen (§ 249 Abs. 3 HGB),
- antizipative Rechnungsabgrenzungsposten (Umkehrschluss aus § 250 Abs. 1 und 2 HGB).

8. Welche steuerrechtlichen Bilanzierungsverbote gibt es?

Steuerrechtliche Bilanzierungsverbote bestehen für

[1] Vgl. Beschluss des GrS vom 3.2.1969, BStBl 1969 II S. 291.
[2] Wegen der Abschnittsbesteuerung bzw. periodengerechten Gewinnermittlung.

- Rückstellungen für ungewisse Verbindlichkeiten, die nur zu tilgen sind, soweit künftig Gewinne oder Einnahmen anfallen (§ 5 Abs. 2a EStG),
- Rückstellungen für drohende Verluste aus schwebenden Geschäften (§ 5 Abs. 4a EStG),
- Rückstellungen, wenn die Erfüllung der Verpflichtung zur Entstehung eines aktivierungspflichtigen Wirtschaftsguts führt (§ 5 Abs. 4b EStG),
- Rückstellungen für latente Ertragsteuern (§ 5 Abs. 1 EStG i.V.m. § 274 Abs. 1 HGB),
- Rückstellungen, wenn der zugrunde liegende Aufwand nach den Grundsätzen des § 4 Abs. 5 – 8 EStG zu den nichtabziehbaren Ausgaben gehört.

9. Welche Vorschriften schränken die Passivierung von Rückstellungen ein?

Die Bildung von Rückstellungen schränken die folgenden Vorschriften ein:

- § 5 Abs. 3 EStG für die Bildung von Rückstellungen wegen Verletzung fremder Schutzrechte,
- § 5 Abs. 4 EStG für die Bildung von Rückstellungen für die Verpflichtung zu einer Zuwendung anlässlich eines Dienstjubiläums.

10. Welche Bilanzierungshilfen bestehen nach Handelsrecht?

Handelsrechtlich bestehen folgende **Bilanzierungshilfen**:

- Aufwendungen für die Ingangsetzung und Erweiterung des Geschäftsbetriebs (§ 269 Satz 1 HGB),
- Steuerabgrenzungsposten wegen künftiger Steuerentlastung (latente Ertragsteuern (§ 274 Abs. 2 HGB).

11. Dürfen Aufwendungen für die Ingangsetzung die Erweiterung des Geschäftsbetriebs auch in der Steuerbilanz angesetzt werden?

Aufwendungen für die Ingangsetzung und Erweiterung des Geschäftsbetriebs dürfen in der Steuerbilanz nicht angesetzt werden. Die Aktivierung solcher Aufwendungen ist zwar in den Steuergesetzen nicht ausdrücklich geregelt, von der Rechtsprechung und Finanzverwaltung wird jedoch eine Aktivierung nicht zugelassen, weil keine Wirtschaftsgüter gegeben sind und nur Wirtschaftsgüter in der Steuerbilanz angesetzt werden dürfen.

12. Da sich der Umsatz der X-GmbH, die sich auf die Geflügelmast spezialisiert hat, aufgrund der BSE-Krise in den letzten Monaten nahezu verdoppelt hat, will die GmbH wissen, ob diese Umsatzentwicklung anhalten wird. Sie lässt eine Marktstudie fertigen. Eine Marketingagentur in Krefeld berechnet im August 05 insgesamt 8.000 € für diese Studie. Die GmbH will den in Rechnung gestellten Betrag in der Handels- und Steuerbilanz aktivieren. Zulässig?

Bei den Aufwendungen für die Marktstudie handelt es sich um **Aufwendungen für die Erweiterung des Geschäftsbetriebs** des Unternehmens. § 269 HGB beinhaltet für derartige Aufwendungen ein **handelsrechtliches Aktivierungswahlrecht** (Bilanzierungshilfe).
Nach der Rechtsprechung des Großen Senats des Bundesfinanzhofs wird aus einem handelsrechtlichen Aktivierungswahlrecht ein steuerrechtliches Aktivierungsgebot. Dieser Grundsatz des Bundesfinanzhofs zur Maßgeblichkeit der Handelsbilanz für die Steuerbilanz steht unter dem **Vorbehalt**, dass das Steuerrecht keine abweichende zwingende Regelung enthält und dass auch keine zwingenden allgemeinen Prinzipien entgegenstehen. Dieser **Vorbehalt** greift hier.
§ 5 Abs. 1 Satz 1 EStG ordnet zwingend an, dass die Steuerbilanz von Gewerbetreibenden nach den handelsrechtlichen Grundsätzen ordnungsmäßiger Buchführung zu erstellen ist. § 269 HGB ist zwar eine handelsrechtliche Vorschrift. § 269 HGB gehört jedoch nach herrschender Meinung nicht zu den Grundsätzen ordnungsmäßiger Buchführung, was der Gesetzgeber mit dem Begriff **„Bilanzierungshilfe"** zum Ausdruck bringt. Ferner werden durch die Aufwendungen keine Wirtschaftsgüter geschaffen. § 269 HGB wird also für die Steuerbilanz für nicht anwendbar erklärt. § 269 HGB erlaubt keine Aktivierung der Aufwendungen für die Marktstudie in der Steuerbilanz.

13. Die X-AG hat in der Handelsbilanz eine Aktivierung latenter Steuern vorgenommen. Kommt eine Aktivierung latenter Steuern auch in der Steuerbilanz in Betracht?

In der Steuerbilanz kommt eine Aktivierung latenter Steuern nicht in Betracht. Die Steuerabgrenzung dient der Korrektur der tatsächlichen Steuerbelastung um latente Steuern. Latente Steuern sind allein ein Problem der Handelsbilanz.

14. Welche Definition besteht für den Begriff „Wirtschaftsgut"?

Weder im Einkommensteuergesetz noch in einem anderen Steuergesetz ist der **Begriff** des **Wirtschaftsgutes** definiert. Auch im bürgerlichen Recht hat er kein Vorbild. Die **Rechtsprechung** hat diesen Begriff entwickelt.
Nach Auffassung der Rechtsprechung[1] enthält der Begriff des Wirtschaftsgutes folgende Elemente:

- Sachen, Rechte, tatsächliche Zustände, konkrete Möglichkeiten, wirtschaftliche Vorteile,
- deren Erlangung der Kaufmann sich etwas kosten lässt,
- nach der Verkehrsauffassung einer besonderen Bewertung zugänglich sind und
- einzeln oder im Zusammenhang mit dem Betrieb übertragbar sind,
- sofern die Aufwendungen einen über die Dauer des jeweiligen Steuerabschnitts hinausreichenden Nutzen für mehrere Jahre erbringen.

15. Wie werden Wirtschaftsgüter eingeteilt?

Wirtschaftsgüter werden **eingeteilt** in

- Wirtschaftsgüter des **Anlage-** oder **Umlaufvermögens**,
- **bewegliche** oder **unbewegliche** Wirtschaftsgüter,
- **abnutzbare** oder **nichtabnutzbare** Wirtschaftsgüter,
- **materielle** oder **immaterielle** Wirtschaftsgüter.

16. Welche Bilanzpositionen stellen keine Wirtschaftsgüter dar?

[1] Vgl. BFH, BStBl 1990 II S. 794; 1992 II S. 893.

Folgende Bilanzpositionen stellen keine Wirtschaftsgüter dar:

- Aufwendungen für die Ingangsetzung oder Erweiterung des Geschäftsbetriebs,
- Rechnungsabgrenzungsposten,
- Eigenkapital,
- Rücklagen,
- Rückstellungen,
- Verbindlichkeiten.

17. Welche Wirtschaftsgüter rechnen zum Anlagevermögen und welche zum Umlaufvermögen?

Zum **Anlagevermögen** gehören die Wirtschaftsgüter, die zum **dauernden** Einsatz (Gebrauch) im Betrieb bestimmt sind (R 32 Abs. 1 Satz 1 EStR).
Zum **Umlaufvermögen** gehören die Wirtschaftsgüter, die zur **Veräußerung, Verarbeitung** oder zum **Verbrauch** angeschafft oder hergestellt worden sind, insbesondere Roh-, Hilfs- und Betriebsstoffe, Erzeugnisse und Waren sowie Kassenbestände (R 32 Abs. 2 EStR).

18. Nach welchem Kriterium wird die Zuordnung eines Wirtschaftsgutes zum Anlage- oder Umlaufvermögen vorgenommen?

Die **Zuordnung** eines **Wirtschaftsguts** zum **Anlage- oder Umlaufvermögen** wird nach der **Zweckbestimmung** am **jeweiligen Bilanzstichtag** vorgenommen (R 32 Abs. 1 Satz 2 EStR).

19. Welche steuerrechtliche Bedeutung hat die Abgrenzung zwischen Anlage- und Umlaufvermögen?

Bedeutung hat die Abgrenzung in Bezug auf **Anlagevermögen**, insbesondere für

- die Anwendung der Vorschriften über die Bewertung nach § 6 Abs. 1 Nr. 1 EStG,
- die Absetzung für Abnutzung nach § 7 EStG,
- die Hinzurechnung der Hälfte der Miet- und Pachtzinsen bei Ermittlung des Gewerbeertrags (§ 8 Nr. 7 GewStG),
- die Gewährung von Investitionszulagen.

und für das **Umlaufvermögen** insbesondere für

- die Bewertung nach § 6 Abs. 1 Nr. 2 EStG.

20. Was versteht man unter materiellen Wirtschaftsgütern?

Materielle Wirtschaftsgüter sind körperliche Gegenstände, z.B. Grundstücke, Gebäude, Maschinen, maschinelle Anlagen, Kraftfahrzeuge, Betriebsvorrichtungen, Geschäftsausstattungen, Roh-, Hilfs- und Betriebsstoffe.

21. Was versteht man unter immateriellen Wirtschaftsgütern?

Immaterielle (unkörperliche) Wirtschaftsgüter sind u.a. Rechte, rechtsähnliche Werte und sonstige Vorteile (R 31a Abs. 1 Satz 1 EStR).

Immaterielle Wirtschaftsgüter sind nach H 31a „Immaterielle Wirtschaftsgüter" EStH u.a. auch:

- Belieferungsrechte, Optionsrechte, Konzessionen,
- Lizenzen,
- Nutzungsrechte an einem Gebäude,
- Patente, Markenrechte, Urheberrechte, Verlagsrechte.

22. Welche Bedeutung hat die Unterscheidung zwischen materiellen und immateriellen Wirtschaftsgütern?

Die Unterscheidung ist vor allem wegen des **Aktivierungsverbots** für selbstgeschaffene Wirtschaftsgüter des Anlagevermögens wichtig (§ 248 Abs. 2 HGB, § 5 Abs. 2 EStG). Ferner kommt für immaterielle Wirtschaftsgüter des Anlagevermögens nur die **lineare Absetzung für Abnutzung (AfA)** in Betracht (§ 7 Abs. 2 Satz 1 EStG).

23. Zum Zwecke der Veräußerung sind in einem Unternehmen Entwicklungskosten sowie Ausgaben für selbst erstellte Zeichnungen und Entwürfe entstanden. Greift für diese Aufwendungen das Aktivierungsverbot des § 248 Abs. 2 HGB?

Das Aktivierungsverbot gilt nach § 248 Abs. 2 HGB i.V.m. § 5 Abs. 2 EStG nur für selbstgeschaffene immaterielle Wirtschaftsgüter des **Anlagevermögens**. Für selbstgeschaffene immaterielle Wirtschaftsgüter des **Umlaufvermögens** besteht kein Aktivierungsverbot. Die Bilanzierungspflicht selbstgeschaffener immaterieller Wirtschaftsgüter des **Umlaufvermögens** besteht aufgrund des **Vollständigkeitsgebots** (§ 246 HGB).

24. Bei welchen Wirtschaftsgütern ist die Unterscheidung in bewegliche und unbewegliche Wirtschaftsgüter zu treffen?

Die Unterscheidung in bewegliche und unbewegliche Wirtschaftsgüter ist nur bei **körperlichen Wirtschaftsgütern** zu treffen, **nicht** dagegen bei sog. **Finanzwerten** und den **immateriellen Wirtschaftsgütern**[1].

25. Welche Wirtschaftsgüter sind beispielsweise unbewegliche Wirtschaftsgüter?

Unbewegliche Wirtschaftsgüter sind insbesondere der Grund und Boden, die Gebäude, die Gebäudeteile, die Bodenschätze und die sonstigen unbeweglichen Wirtschaftsgüter wie Hofbefestigungen, Einfriedungen und Ladeneinbauten.

[1] Vgl. BFH, BStBl 1987 II S. 728; BStBl 1989 II S. 1016.

26. Welche Wirtschaftsgüter sind bewegliche Wirtschaftsgüter?

Bewegliche Wirtschaftsgüter sind transportable Sachen wie Scheinbestandteile, Betriebsvorrichtungen, abgebaute Bodenschätze, Schiffe, Feldinventar und die stehende Ernte.

27. Welche steuerrechtliche Bedeutung hat die Unterscheidung zwischen den unbeweglichen und beweglichen Wirtschaftsgütern?

Bedeutung hat die Unterscheidung für § 6 Abs. 2, § 7 Abs. 2 EStG und andere Abschreibungsregelungen und auch für die Gewährung von Investitionszulagen.

28. Was versteht man unter abnutzbaren Wirtschaftsgütern?

Abnutzbare Wirtschaftsgüter sind Wirtschaftsgüter, bei denen ein **Wertverzehr durch Nutzung oder Zeitablauf** eintritt. Hierzu gehören i.d.R. alle beweglichen Sachen, aber auch bestimmte unbewegliche Wirtschaftsgüter wie Gebäude. Maßgebend ist der **technische Verschleiß**, nicht die wirtshaftliche Nutzungsdauer.

29. Was versteht man unter nicht abnutzbaren Wirtschaftsgütern?

Nicht abnutzbare Wirtschaftsgüter sind Wirtschaftsgüter, bei denen **kein Wertverzehr** durch **Nutzung und Zeitablauf** eintritt. Hierzu gehören der Grund und Boden, die sog. Finanzwerte, zeitlich befristete Rechte, Sammlungs- und Anschauungsgegenstände und Gemälde alter Meister.

30. Welche steuerrechtliche Bedeutung hat die Unterscheidung zwischen abnutzbaren und nicht abnutzbaren Wirtschaftsgütern?

Bedeutung hat die Unterscheidung für die Anwendung des § 6 Abs. 1 Nr. 1, Abs. 2, § 7 EStG und für weitere Vorschriften über Sonderabschreibungen, erhöhte Absetzungen und Investitionszulagen.

31. Decken sich die Begriffe „Wirtschaftsgut" und „Bilanzposten"?

Die Begriffe „Wirtschaftsgut" und „Bilanzposten" decken sich **nicht**. Keine Wirtschaftsgüter sind z.B. die Rechnungsabgrenzungsposten oder die Bilanzierungshilfen.

32. Nach welchen Kriterien können die Wirtschaftsgüter dem Steuerpflichtigen zugerechnet werden?

Die Wirtschaftsgüter können dem Steuerpflichtigen zugerechnet werden entweder nach dem **Eigentum** oder nach der **Nutzung**.

33. Welche Kriterien sind für die Zurechnung nach dem Eigentum maßgeblich?

Für die **subjektive Zurechnung** von Wirtschaftsgütern sind letztlich nicht die bürgerlich-rechtlichen, sondern die **wirtschaftliche Kriterien** entscheidend, wobei allerdings im Regelfall die rechtliche und wirtschaftliche Vermögenszugehörigkeit zusammenfallen werden.

34. Unter welchen Voraussetzungen ist ein Wirtschaftsgut dem wirtschaftlichen Eigentümer zuzurechnen?

Abweichend vom bürgerlich-rechtlichen Eigentum ist ein Wirtschaftsgut in bestimmten Fällen dem **wirtschaftlichen Eigentümer** zuzurechnen, wenn der **wirtschaftliche Eigentümer** in einer Weise **Einfluss** ausüben kann, dass der **Herausgabeanspruch** des **rechtlichen Eigentümers wertlos** wird.

35. Welches sind die wichtigsten Fälle des wirtschaftlichen Eigentums?

Die **wichtigsten Fälle** des **wirtschaftlichen Eigentums** betreffen:

- **sicherungshalber** übereignete Gegenstände: Zurechnung beim Sicherungsgeber;
- **treuhänderisch** übereignete Gegenstände: Zurechnung beim Treugeber;
- unter **Eigentumsvorbehalt** veräußerte Gegenstände: Zurechung bereits beim Erwerber;
- bei **Kommissionsgeschäften**: Kommissionsware ist in keinem Fall dem Kommissionär zuzurechnen;
- bei **Grundstücksveräußerungen**: Zurechnung beim Erwerber, unabhängig von der Eintragung ins Grundbuch, **sobald** Gefahr, Nutzen und Lasten übergegangen sind;
- **Eigenbesitz** (§ 827 BGB): Zurechnung beim Eigenbesitzer;
- beim **Factoring**: beim sog. echten Factoring, bei dem das Factoring-Institut das Inkassorisiko trägt, ist die Forderung beim Factoring-Institut zu bilanzieren; beim sog. unechten Factoring trägt der sog. Anschlusskunde das Delkredere-Risiko.

36. Wie sind Mietkaufverträge bilanzsteuerrechtlich zu behandeln?

Beim **Mietkaufvertrag** handelt es sich um die **Kombination** eines **Mietvertrages** nach § 535 BGB und eines **Kaufvertrages** nach § 433 BGB.

Bei einem **echten Mietkaufvertrag** wird das Wirtschaftsgut zunächst **gemietet** und **später** durch **Ausübung** einer von vornherein abgeschlossenen **Kaufoption** möglicherweise **erworben**, und zwar unter **Anrechnung** der bis dahin geleisteten **Mietzahlungen**. Damit wird der **Mietvertrag** mit **steuerlicher Wirkung** in einen **Kaufvertrag** umgewandelt, mit der **Folge**, dass das **wirtschaftliche Eigentum** bei **Optionsausübung übergeht.**
Bis zur Ausübung der **Kaufoption** stellen die **Mieten** beim **Mieter Betriebsausgaben** und beim **Vermieter Betriebseinnahmen** dar.
Bei **Ausübung der Kaufoption** ergeben sich die **Anschaffungskosten** wie folgt:

Nettokaufpreis
\+ geleistete Anzahlungen
./. fiktive lineare AfA
= Anschaffungskosten Käufer

Im Fall des **unechten Mietkaufvertrages** handelt es sich um einen **Scheinmietvertrag** und damit um einen **Kaufvertrag von Anfang an**, der folgende Merkmale aufweist:

- außergewöhnlich hohe Mieten oder
- außergewöhnlich niedriger Kaufpreis oder
- Mietvertragszeit entspricht annähernd der Nutzungsdauer des Wirtschaftsgutes.[1]

37. Was versteht man unter Leasing und welches sind die Rechtsgrundlagen für die steuerrechtliche Behandlung von Leasing?

Leasing ist ein Vertrag, durch den der Leasing-Geber dem Leasing-Nehmer gegen eine wiederkehrende Zahlung das Recht einräumt, einen Vermögensgegenstand für eine bestimmte Zeitdauer zu nutzen (= atypischer Mietvertrag).
Maßgeblich für die steuerrechtliche Behandlung solcher Verträge ist die **wirtschaftliche Betrachtungsweise**.
Das **Bundesministerium der Finanzen** hat in mehreren **Schreiben** zur Bilanzierung von Leasingverträgen Stellung genommen. Die einzelnen Leasing-Schreiben sind wie folgt betitelt:

- Ertragsteuerliche Behandlung von Leasing-Verträgen über bewegliche Wirtschaftsgüter[2],
- Ertragsteuerliche Behandlung von Finanzierungs-Leasing-Verträgen über unbewegliche Wirtschaftsgüter[3],
- Steuerrechtliche Zurechnung des Leasing-Gegenstandes beim Leasing-Geber[4],
- Ertragsteuerliche Behandlung von Teilamortisations-Leasing-Verträgen über unbewegliche Wirtschaftsgüter[5].

[1] Vgl. Dicken, A., Bilanzsteuerrecht, Hamburg 1994, S. 103 f.
[2] Vgl. BMF vom 19.4.1971, BStBl I S. 264.
[3] Vgl. BMF vom 21.3.1972, BStBl I S. 188.
[4] Vgl. BMF vom 22.12.1975.
[5] Vgl. BMF vom 23.12.1991, BStBl 1992 I S. 13.

38. Was wird unter Operating-Leasing verstanden?

Einen **Sonderfall** stellt das nicht geregelte **Operating-Leasing** dar. Hierbei handelt es sich um Mietverträge, die beidseitig relativ kurzfristig unter Einhaltung bestimmter Fristen gekündigt werden können. Das Investitionsrisiko trägt der Leasinggeber, der für die weitere Verwendung des Leasinggutes sorgen muss. Folglich liegen bei Operating-Leasing-Verträgen reine **Mietverträge** vor, mit der Folge, dass:

- das **Leasinggut** dem **Leasinggeber** zugerechnet wird und
- die gezahlten **Leasingraten Betriebseinnahmen** beim **Leasinggeber** bzw. **Betriebsausgaben** beim **Leasingnehmer** darstellen.

39. Welche Indizien sprechen für Operating-Leasing?

Folgende **Indizien** sprechen für das Vorliegen derartiger Verträge:

- **keine unkündbare Vertragsdauer** oder **kurzfristig kündbare Vertragsdauer**;
- mehrfaches Verleasen der Wirtschaftsgüter;
- verleasen von **Standardwirtschaftsgütern**;
- **Kalkulation** der Leasingraten nach dem **Nutz- oder Gebrauchswert**;
- **keine Deckung** der vollen **Kosten**.

40. Bei welchen Wirtschaftsgütern sind Operating-Leasing-Verträge in der Praxis anzutreffen?

Operating-Leasing-Verträge sind in der Praxis z.B. bei Telefonanlagen, EDV-Anlagen, Frankiermaschinen, Konsumgütern (Fernsehgeräte, Autos), anzutreffen.

41. Bei welchen Leasing-Verträgen handelt es sich um Spezial-Leasing?

Im Falle des **Spezial-Leasing** handelt es sich um Verträge über **Leasinggegenstände**, die **speziell** auf die **Verhältnisse** des **Leasingnehmers** zugeschnitten sind, so dass eine **Verwendung** nach Ablauf der Grundmietzeit **nur** beim **Leasingnehmer** wirtschaftlich **sinnvoll** ist. In diesen Fällen ist das **Leasinggut** aufgrund des **wirtschaftlichen Eigentums** grundsätzlich dem **Leasingnehmer** nach § 39 Abs. 2 AO **zuzurechnen**, da der **Herausgabeanspruch** des Leasinggebers **wertlos** ist. Letztlich liegen danach **Kaufverträge** und keine Mietverträge vor.

42. Wie erfolgt die bilanzsteuerrechtliche Behandlung von Spezial-Leasing-Verträgen?

Die **bilanzielle Behandlung** von **Spezial-Leasing-Verträgen** ist identisch mit der bilanziellen Behandlung von **Finanzierungs-Leasing-Verträgen** mit **Zurechnung** des Leasingguts beim **Leasingnehmer**.

43. Bei welchen Leasing-Verträgen liegt Finanzierungs-Leasing vor?

Finanzierungs-Leasing liegt bei Verträgen vor, bei denen eine **Kündigung während** der **Grundmietzeit ausgeschlossen** ist **und** bei denen die in der **Grundmietzeit** seitens des **Leasingnehmers** entrichteten **Leasingraten** die **Gesamtkosten** (Anschaffungs-, Herstellungskosten und Nebenkosten) **decken,** die der Leasinggeber aufwendet.

44. Ein Leasinggut ist dem Leasinggeber zuzuordnen. Wie erfolgt die steuerliche Behandlung beim Leasinggeber?

Im Fall der Zurechnung des Leasinggegenstandes beim **Leasinggeber** sind die **Anschaffungs- oder Herstellungskosten** des **Leasingguts** zu **aktivieren**; die **Leasingraten** stellen beim Leasinggeber **Betriebseinnahmen** dar und sind beim **Leasingnehmer** als **Betriebsausgaben** zu behandeln.

45. Ein Leasinggut ist dem Leasingnehmer zuzuordnen. Wie erfolgt die steuerliche Behandlung beim Leasingnehmer?

In diesem Fall hat der **Leasingnehmer** wie folgt zu bilanzieren:

1. **Aktivierung** des **Leasingguts** mit den **Anschaffungs-/Herstellungskosten** des **Leasinggebers zuzüglich eigener Anschaffungskosten** (Transport-, Montagekosten). Das Leasinggut ist über die **betriebsgewöhnliche Nutzungsdauer** nach den allgemeinen Grundsätzen **abzuschreiben**; auch erhöhte oder Sonder-AfA können vorgenommen werden.
2. **Passivierung** einer **Verbindlichkeit** in Höhe der **Anschaffungs- oder Herstellungskosten** (ohne eigene Anschaffungsnebenkosten).
3. **Aufspaltung** der Leasingraten in einen **Zinsanteil** (= Betriebsausgaben) und **Tilgungsanteil** nach der **Barwert-** oder **Zinsstaffelmethode.**[1]

46. Welche steuerrechtliche Frage ist nach der Prüfung der persönlichen Zurechnung aufgrund des rechtlichen oder wirtschaftlichen Eigentums im Bilanzsteuerrecht zu prüfen?

Nach der Prüfung der persönlichen Zurechnung aufgrund des rechtlichen oder wirtschaftlichen Eigentums ist im Bilanzsteuerrecht zu prüfen, ob **Betriebsvermögen** oder **Privatvermögen** vorliegt. **Wirtschaftsgüter** und **Schulden** sind nur im Falle des Vorliegens von **Betriebsvermögen bilanzierungsfähig**.

47. Warum ist hinsichtlich der Nutzung als Betriebs- oder Privatvermögen zwischen den beweglichen Wirtschaftsgütern und den Grundstücken zu unterscheiden?

Bewegliche Wirtschaftsgüter und die damit zusammenhängenden **Schulden** können **nur einheitlich** als **Betriebs- oder Privatvermögen** klassifiziert werden. Im Gegensatz dazu können **Grundstücke** und die damit zusammenhängenden Schulden **aufgeteilt** werden.

48. Welche Konsequenzen hat die grundsätzliche Nichtaufteilbarkeit von beweglichen Wirtschaftsgütern?

[1] Vgl. Dicken, A., a.a.O., S. 109.

Die grundsätzliche **Nichtaufteilbarkeit** von **beweglichen Wirtschaftgütern** hat zur **Folge**, dass

- die mit den **bilanzierten Wirtschaftsgütern** zusammenhängenden **Aufwendungen** einschließlich der **Absetzung für Abnutzung (AfA)** als **Betriebsausgaben** erfasst werden können,
- die **private** Mitbenutzung von **bilanzierten Wirtschaftsgütern** im Gegenzug zu **Entnahmen** führen kann und
- die mit den **nicht bilanzierten Wirtschaftsgütern** zusammenhängenden **betrieblich bedingten Aufwendungen** einschließlich der **AfA** als **Betriebsausgaben** über eine **Aufwandseinlage** erfasst werden.

49. Welche Vermögensarten werden im Bilanzsteuerrecht unterschieden?

Im **Bilanzsteuerrecht** wird zwischen **drei Vermögensarten** unterschieden, die mit folgenden **Bilanzierungsanweisungen** verknüpft sind:

- **Notwendiges Betriebsvermögens** = Bilanzierungs**gebot**;
- **Gewillkürtes Betriebsvermögens** = Bilanzierungs**wahlrecht**;
- **Notwendiges Privatvermögens** = Bilanzierungs**verbot**.

Inwieweit die **Zugehörigkeit** zu einer der drei Vermögensarten vorliegt, ist für **jedes Wirtschaftsgut gesondert** zu prüfen.

50. Welche Wirtschaftsgüter gehören zum notwendigen Betriebsvermögen?

Dem **notwendigen Betriebsvermögen** sind Wirtschaftsgüter zuzuordnen, die **ausschließlich und unmittelbar für eigenbetriebliche Zwecke des Steuerpflichtigen** genutzt werden oder dazu bestimmt sind (R 13 Abs. 1 Satz 1 EStR).

51. Wer trifft die Zuordnungsentscheidung?

Die tatsächliche Zuordnung trifft grundsätzlich der Unternehmer als bilanzierender Kaufmann.

52. Können nur solche Wirtschaftsgüter notwendiges Betriebsvermögen darstellen, die im Betrieb tatsächlich genutzt werden oder für den Betrieb notwendig sind?

Für die Zurechnung eines Wirtschaftsgutes zum notwendigen Betriebsvermögen genügt es, dass dem Wirtschaftsgut eine betriebliche Funktion zugewiesen wird, z.B. als Vorratsvermögen. **Voraussetzung** für die Zuordnung eines Wirtschaftsgutes zum notwendigen Betriebsvermögens ist **nicht**, dass es für den Betrieb notwendig ist i.S.v. „erforderlich“, „wesentlich“ oder „unentbehrlich“.

53. Muss ein Wirtschaftsgut des notwendigen Betriebsvermögen bilanziert werden?

Ein Wirtschaftsgut des notwendigen Betriebsvermögens muss in der Bilanz angesetzt werden.

54. Was sind typische Beispiele für bewegliches notwendiges Betriebsvermögen?

Typische Beispiele für **bewegliches notwendiges Betriebsvermögen** sind Maschinen, Einrichtungsgegenstände des Betriebs, Waren und Vorräte.

55. Was versteht man unter gemischt genutzten Wirtschaftsgütern?

Liegt **keine** ausschließliche betriebliche Nutzung vor, dann handelt es sich um **gemischt genutzte Wirtschaftsgüter**. **Gemischt genutzt** heißt, dass das Wirtschaftsgut teils betrieblich und teils privat genutzt wird.

56. Welche Fragen sind bei gemischt genutzten Wirtschaftsgütern aus steuerlicher Sicht zu stellen?

Aus steuerlicher Sicht sind folgende Fragen zu stellen:

1. Stellt das Wirtschaftsgut ertragsteuerlich Betriebs- oder Privatvermögen dar?
2. Stellen die Aufwendungen infolge der Nutzung gewinnmindernde Betriebsausgaben dar?
3. Welche ertragsteuerlichen Folgerungen sind bei der Veräußerung eines solchen Wirtschaftsguts zu ziehen?

57. Welchen Vermögenskategorien kann ein gemischt genutztes Wirtschaftsgut zugehören?

Gemischt genutzte Wirtschaftsgüter können

- notwendiges oder gewillkürtes Betriebsvermögen,
- notwendiges oder gewillkürtes Privatvermögen

darstellen.

58. Unter welcher Voraussetzung erfolgt die Zuordnung eines gemischt genutzten beweglichen Wirtschaftsgutes zum notwendigen Betriebsvermögen?

Eine **Zuordnung** zum **notwendigen Betriebsvermögen** erfolgt, wenn das Wirtschaftsgut zu **mehr** als **50 % betrieblich genutzt wird** (R 13 Abs. 1 Satz 4 EStR).

59. Was ist unter gewillkürtem Betriebsvermögen zu verstehen?

Wirtschaftsgüter, die in einem **gewissen objektiven Zusammenhang** mit dem Betrieb stehen **und ihn zu fördern bestimmt und geeignet sind, können** bei Gewinnermittlung durch **Betriebsvermögensvergleich** als **gewillkürtes Betriebsvermögen** behandelt werden (R 13 Abs. 1 Satz 3 EStR).

Ist die **betriebliche Nutzung** zwar auf Dauer gesehen nicht wesentlich (= nicht mehr als 50 %), aber auch nicht unwesentlich (= nicht weniger als 10 %), hat der Steuerpflichtige das Wahlrecht

a) entweder gewillkürtes Betriebsvermögen zu 100 % anzusetzen oder
b) Privatvermögen zu 100 % anzusetzen (R 13 Abs. 1 Satz 6 EStR).

60. Wie bringt der Steuerpflichtige erkennbar zum Ausdruck, dass er ein Wirtschaftsgut dem gewillkürten Betriebsvermögen zuordnet?

Der Steuerpflichtige bringt **erkennbar** zum Ausdruck, dass er ein Wirtschaftsgut dem gewillkürten Betriebsvermögen zuordnet, in dem er das Wirtschaftsgut in der **Bilanz ausweist** und die **Aufwendungen** als **betrieblichen Aufwand** behandelt. Hierbei bleibt das gewillkürte Betriebsvermögen so lange Betriebsvermögen, bis der Unternehmer den sachlichen oder persönlichen Zusammenhang mit dem Betrieb löst.

61. Bedeutet der Begriff „gewillkürtes Betriebsvermögens", dass der Steuerpflichtige „willkürlich" über die Bilanzierung solcher Wirtschaftsgüter entscheiden kann?

Der Begriff **„gewillkürtes Betriebsvermögen"** bedeutet nicht, dass der Steuerpflichtige willkürlich jedes Wirtschaftsgut, das notwendiges Privatvermögen ist, als Betriebsvermögen behandeln kann. Es ist vielmehr erforderlich, dass das Wirtschaftsgut in einem **gewissen objektiven Zusammenhang mit dem Betrieb steht und** dazu **bestimmt ist, ihn zu fördern**. Ferner muss das Wirtschaftsgut für diese Zwecke **geeignet** sein (R 13 Abs. 1 Satz 3 EStR).

62. Bestehen hinsichtlich des gewillkürten Betriebsvermögens besondere Nachweispflichten?

Die Wirtschaftsgüter des gewillkürten Betriebsvermögen müssen objektiv **„betriebsdienlich"** sein. Die Willkürung muss ihr auslösendes Moment im Betrieb haben. Deshalb muss der Steuerpflichtige darlegen, welche Beziehung das Wirtschaftsgut zum Betrieb hat und welche vernünftigen wirtschaftlichen Überlegungen ihn veranlasst haben, das Wirtschaftsgut als Betriebsvermögen zu behandeln (H 13 (1) „Gewillkürtes Betriebsvermögen" EStH).

63. Kommt es für die Zugehörigkeit eines Wirtschaftsgutes zum notwendigen Betriebsvermögen entscheidend darauf an, ob es in der Buchführung und Bilanz ausgewiesen wird?

Ein Wirtschaftsgut gehört aufgrund seiner **Art und Beschaffenheit** oder **Zweckbestimmung** (eigenbetriebliche Nutzung) zum notwendigen Betriebsvermögen und nicht wegen seiner Behandlung in Buchführung und Bilanz. Der Ausweis in der Bilanz ist daher grundsätzlich ohne Bedeutung (R 13 Abs. 1 Satz 2 EStR).

64. In welchen Fällen können gemischt genutzte Wirtschaftsgüter in vollem Umfang als gewillkürtes Betriebsvermögen behandelt werden?

Gemischt genutzte Wirtschaftsgüter können **„bei einer betrieblichen Nutzung von mindestens 10 % bis zu 50 %"** (R 13 Abs. 1 Satz 6 EStR) als **gewillkürtes Betriebsvermögen** behandelt werden.

65. In welchen Fällen ist eine Einlage von Wirtschaftsgütern als gewillkürtes Betriebsvermögens unzulässig?

Eine **Einlage** von Wirtschaftsgütern als **gewillkürtes Betriebsvermögen** ist **unzulässig**, wenn erkennbar ist, dass die betreffenden Wirtschaftsgüter dem Betrieb **keinen Nutzen**, sondern **nur Verluste** bringen werden (H (1) „Gewillkürtes Betriebsvermögen" EStH).

66. Ist gewillkürtes Betriebsvermögen neben Einzelunternehmen auch bei Personen- und Kapitalgesellschaften möglich?

Bei **Personengesellschaften** ist gewillkürtes Betriebsvermögen **nur** beim **Sonderbetriebsvermögen** der **Gesellschafter**, **nicht** beim **Gesamthandsvermögen** möglich (R 13 Abs. 2 Satz 3 EStR). Bei **Kapitalgesellschaften** existiert mangels Privatsphäre **kein gewillkürtes Betriebsvermögen**.

67. Welche Wirtschaftsgüter gehören in vollem Umfang zum notwendigem Privatvermögen?

In **vollem Umfang** zum **notwendigen Privatvermögen** gehören **Wirtschaftsgüter**, die entweder **nicht** oder zu einem solchen **Teil betrieblich genutzt** werden, der **unter 10 %** liegt (R 13 Abs. 1 Satz 5 EStR).

68. Dürfen Wirtschaftsgüter des notwendigen Privatvermögens und die dazugehörigen Schulden in der Steuerbilanz ausgewiesen werden?

Wirtschaftsgüter des **notwendigen Privatvermögens** und mit diesen im **Zusammenhang** stehende **Schulden dürfen nicht** in der **Steuerbilanz ausgewiesen** werden.

69. Welche Wirtschaftsgüter können als typische Praxisbeispiele für Wirtschaftsgüter des notwendigen Privatvermögens angesehen werden?

Als notwendiges Privatvermögen werden z.B. angesehen: Kleidung, Hausrat, Schmuck, Ansprüche auf Erstattung der Einkommensteuer oder anderen Personensteuern.

70. Ist gewillkürtes Privatvermögen denkbar?

Die Existenz von gewillkürtem Betriebsvermögen bedingt zwangsläufig das Vorhandensein von **gewillkürtem Privatvermögen**, das dem Betriebsvermögen hätte zugeordnet werden können.

71. Wird mit der Zuordnung eines gemischt genutzten beweglichen Wirtschaftsgutes zum gewillkürten Betriebsvermögen zugleich über die Frage der Abzugsfähigkeit der Aufwendungen entschieden?

Mit der **Zuordnung** eines gemischt genutzten beweglichen Wirtschaftsgutes zum gewillkürten Betriebsvermögen wird **nicht** zugleich über die Frage der Abzugsfähigkeit der Aufwendungen entschieden. Wird ein gemischt genutztes bewegliches Wirtschaftsgut dem gewillkürten Betriebsvermögens zugeordnet, so stellen die für die **anteilige Privatnutzung** anfallenden Aufwendungen **keine Betriebsausgaben** dar. Diese Aufwendungen werden entweder von vornherein nicht als Betriebsausgaben oder später als Nutzungsaufwandsentnahmen verbucht.

72. In welchem Umfang stellen die Einnahmen aus einem gemischt genutzten, dem gewillkürten Betriebsvermögen zugeordneten Wirtschaftgut, Betriebseinnahmen dar?

Einnahmen aus der Nutzungsüberlassung eines gemischt genutzten, dem gewillkürten Betriebsvermögens zugeordneten beweglichen Wirtschaftsguts, stellen **in vollem Umfang** Betriebseinnahmen (ohne Kürzung um einen Privatanteil) dar. Dies gilt auch für einen etwaigen Buchgewinn bei Veräußerung eines solchen Wirtschaftsguts (z.B. Pkw).

73. Können Anteile an einer Kapitalgesellschaft zum notwendigen Betriebsvermögen gehören?

Anteile an einer **Kapitalgesellschaft** können zum **notwendigen Betriebsvermögen gehören**, wenn ihre **Zweckbestimmung** auf die geschäftliche Unterstützung des Betriebs gerichtet ist.

74. Kann die Beteiligung an einer Personengesellschaft zum notwendigen Betriebsvermögen gehören?

Die **Beteiligung** an einer **Personengesellschaft** entspricht ertragsteuerlich wertmäßig dem **Kapitalkonto** des Gesellschafters bei der Gesellschaft. Es handelt sich um den Saldo der dem Gesellschafter **anteilig** gehörenden, positiven und negativen Wirtschaftsgüter der Gesellschaft.

75. Stellen Geldbestände notwendiges Betriebsvermögen dar?

Geldbestände, die sich in der Betriebskasse befinden, stellen im Falle der Gewinnermittlung nach § 4 Abs. 1 oder § 5 EStG notwendiges Betriebsvermögen.

76. Rechnen Verbindlichkeiten zum Betriebsvermögen?

Verbindlichkeiten rechnen zum Betriebsvermögen, soweit sie durch den Betrieb veranlasst sind.

77. Stellt ein bebautes Grundstück bilanzsteuerrechtlich ein einheitliches Wirtschaftsgut dar?

Ein **bebautes Grundstück** stellt bilanzsteuerrechtlich **kein einheitliches Wirtschaftsgut** dar. Grund und Boden und Gebäude sind selbstständige Wirtschaftsgüter.

78. Warum ist bei der Anschaffung eines bebauten Grundstücks der Kaufpreis auf den Grund und Boden und das Gebäude aufzuteilen?

Die **Aufteilung** erfolgt vor allem zwecks **Ermittlung der Bemessungsgrundlage für die Gebäude-AfA** und sodann die **Vornahme der Gebäude-AfA**.

79. Nach welchen Kriterien hat die Aufteilung des Kaufpreises zu erfolgen?

Bei **Anschaffung eines bebauten Grundstücks** ist der **Kaufpreis** nach dem **Verhältnis** der **Teilwerte** (Betriebsvermögen) oder **Verkehrswerte** (Privatvermögen) auf den **Grund und Boden** und auf das **Gebäude** aufzuteilen (H 43 „Anschaffungskosten“ EStH).

80. Was sind Außenanlagen?

Außenanlagen sind z.B. Einfriedungen bei Betriebsgrundstücken oder Hof- und Platzbefestigungen, Straßenzufahrten und Umzäunungen bei **Betriebsgrund-**

stücken (H 42 „Unbewegliche Wirtschaftsgüter, die keine Gebäude oder Gebäudeteile sind" EStH).

81. Wie sind Außenanlagen bilanzsteuerrechtlich zu behandeln?

Die **Außenanlagen** bilden im Bilanzsteuerrecht ein weiteres **selbstständiges Wirtschaftsgut**, so dass bei einem „Grundstück" bis zu **drei verschiedene Wirtschaftsgüter** vorliegen können (Grund und Boden, Gebäude, Außenanlagen).

82. Welche Grundstücke und Grundstücksteile stellen notwendiges Betriebsvermögen dar?

Grundstücke und Grundstücksteile stellen **notwendiges Betriebsvermögen** dar, wenn

- sie ausschließlich und unmittelbar für **eigenbetriebliche Zwecke** des Steuerpflichtigen genutzt werden (R 13 Abs. 7 Satz 1 EStR) oder
- sich auf den **Betriebsablauf** beziehen. Letzteres ist z.B. der Fall, wenn Wohnungen an Arbeitnehmer vermietet werden und für die Vermietung an Arbeitnehmer **betriebliche Gründe** maßgebend waren (H 13 (7) „Einfamilienhäuser, Zweifamilienhäuser, Eigentumswohnungen und Mietwohngrundstücke" EStH).

83. Ein Teil eines Gebäudes wird eigenbetrieblich genutzt und stellt notwendiges Betriebsvermögen dar. Kann in diesem Fall der zum Gebäude gehörende Grund und Boden anteilig dem Privatvermögen zugerechnet werden?

Wird ein Teil eines Gebäudes eigenbetrieblich genutzt, so gehört der zum Gebäude gehörende Grund und Boden **anteilig** zum notwendigen Betriebsvermögen (R 13 Abs. 7 Satz 2 EStR).

84. Ein Grundstück gehört nur zum Teil dem Betriebsinhaber. Kann das Grundstück in vollem Umfange beim Betriebsinhaber bilanziert werden?

Gehört ein Grundstück nur teilweise dem Betriebsinhaber, so kann es nur insoweit Betriebsvermögen sein, als es dem Betriebsinhaber gehört (H 13 (7) „Miteigentum" EStH).

85. Unter welchen Voraussetzungen kann ein Grundstück Betriebsvermögen darstellen?

Ein Grundstück kann Betriebsvermögen darstellen, wenn es dem Bilanzierungspflichtigen **zuzurechnen** ist und **betrieblich genutzt** wird.

86. Was ist unter einem Gebäude zu verstehen?

Ein **Gebäude** ist ein Bauwerk auf eigenem oder fremdem Grund und Boden, das Menschen oder Sachen durch räumliche Umschließung Schutz gegen äußere Einflüsse gewährt, den Aufenthalt von Menschen gestattet, fest mit dem Grund und Boden verbunden, von einiger Beständigkeit und standfest ist (R 42 Abs. 5 Satz 2 EStR).

87. Welche Gebäudeteile stellen selbstständige Wirtschaftsgüter dar?

Gebäudeteile, die **nicht in einem einheitlichen Nutzungs- und Funktionszusammenhang mit dem Gebäude stehen**, sind selbstständige Wirtschaftsgüter (R 13 Abs. 3 Satz 1 EStR).

88. Unter welcher Voraussetzung ist ein Gebäudeteil ein selbstständiges Wirtschaftsgut?

Ein Gebäudeteil ist ein **selbstständiges Wirtschaftsgut**, wenn er besonderen Zwecken dient, mithin in einem von der eigentlichen Gebäudenutzung verschiedenen Nutzungs- und Funktionszusammenhang steht (R 13 Abs. 3 Satz 2 EStR).

89. Welche Gebäudeteile stellen selbstständige Wirtschaftsgüter dar?

Folgende **selbstständige Gebäudeteile** stellen **selbstständige Wirtschaftsgüter** dar (R 13 Abs. 3 Satz 3 EStR):

1. Betriebsvorrichtungen;
2. Scheinbestandteile;
3. Ladeneinbauten, Schaufenstereinbauten, Gaststätteneinbauten, Schalterhallen von Kreditinstituten sowie ähnliche Einrichtungen, die einem schnellen Wandel des modischen Geschmacks unterliegen. Diese sind auch dann selbstständige Wirtschaftsgüter, wenn sie in Neubauten eingefügt werden.
4. sonstige Mietereinbauten;
5. sonstige selbstständige Gebäudeteile.

90. Was sind Betriebsvorrichtungen?

Betriebsvorrichtungen sind **selbstständige** Wirtschaftsgüter des Anlagevermögens, die **nicht** in einem einheitlichen Nutzungs- und Funktionszusammenhang mit dem Gebäude stehen. Sie gehören zu den **beweglichen** Wirtschaftsgütern. Dies gilt auch dann, wenn sie wesentliche Bestandteile eines Gebäudes sind (R 42 Abs. 3 EStR).

Beispiele: Abladevorrichtungen, Autoaufzüge in Parkhäusern, Lastenaufzüge, Förderbänder (H 42 „Betriebsvorrichtungen“ EStH).

91. Was sind Scheinbestandteile?

Scheinbestandteile entstehen, wenn bewegliche Wirtschaftsgüter zu einem vorübergehenden **Zweck** in ein **Gebäude einfügt** werden (R 42 Abs. 4 Satz 1 EStR).

92. Wann ist ein Einbau zu einem vorübergehenden Zweck anzunehmen?

Ein Einbau zu einem **vorübergehenden Zweck** ist anzunehmen, wenn

- die Nutzungsdauer der eingefügten beweglichen Wirtschaftsgüter länger als die Nutzungsdauer ist, für die sie eingebaut werden,
- die eingefügten beweglichen Wirtschaftsgüter auch nach ihrem Ausbau noch einen beachtlichen Wiederverwendungswert repräsentieren und
- nach den Umständen, insbesondere nach Art und Zweck der Verbindung damit gerechnet werden kann, dass sie später wieder entfernt werden (H 42 „Scheinbestandteile" EStH).

93. Was sind nach R 42 Abs. 4 Satz 2 EStR auch Einbauten zu vorübergehenden Zwecken?

Einbauten zu vorübergehenden Zwecken und damit **Scheinbestandteile** sind nach R 42 Abs. 4 Satz 2 EStR auch

1. die vom Steuerpflichtigen für seine eigenen Zwecke vorübergehend eingefügten Anlagen,
2. die vom Vermieter oder Verpächter zur Erfüllung besonderer Bedürfnisse des Mieters oder Pächters eingefügten Anlagen, deren Nutzungsdauer nicht länger als die Laufzeit des Vertragsverhältnisses ist.

94. Zu welcher Kategorie Wirtschaftsgüter gehören die Scheinbestandteile?

Die **Scheinbestandteile** sind zu den **selbstständigen** und **beweglichen** Wirtschaftsgütern des **Anlagevermögens** zu rechnen.

95. Wie sind Ladeneinbauten, Schaufensteranlagen, Gaststätteneinbauten sowie ähnliche Einbauten zu behandeln?

Derartige Wirtschaftsgüter sind als **selbstständige unbewegliche** Wirtschaftsgüter des Anlagevermögens zu behandeln (R 42 Abs. 6 EStR).

96. Wie sind sonstige Mietereinbauten und –umbauten zu behandeln?

Sonstige Mietereinbauten und –umbauten sind **in der Bilanz des Mieters zu aktivieren**, wenn

- es sich um gegenüber dem Gebäude selbstständige Wirtschaftsgüter (verschiedener Nutzungs- und Funktionszusammenhang) handelt,
- für die der Mieter Herstellungskosten aufgewendet hat,
- die Wirtschaftsgüter seinem Betriebsvermögen zuzurechnen sind und
- die Nutzung durch den Mieter zur Einkünfteerzielung sich erfahrungsgemäß über einen Zeitraum von mehr als einem Jahr erstreckt (H 13 (3) „Mietereinbauten“ EStH).

97. Um welche Kategorie von Wirtschaftsgütern handelt es sich bei den sonstigen Mietereinbauten?

Bei den sonstigen Mietereinbauten handelt es sich **selbsständige** und **materielle** Wirtschaftgüter. Diese können **beweglich** oder **unbeweglich** sein (H 13 (3) „Mietereinbauten“ EStH).

98. In welchen Fällen handelt es sich bei einem Mietereinbau um ein bewegliches Wirtschaftsgut?

Bei einem Mietereinbau handelt es sich um ein **bewegliches** Wirtschaftsgut, wenn

- der Mieter sachenrechtlicher Eigentümer ist (Scheinbestandteil) oder
- eine Betriebsvorrichtung des Mieters besteht (H 13 (3) „Mietereinbauten“ EStH).

99. In welchen Fällen handelt es sich bei einem Mietereinbau um ein unbewegliches Wirtschaftsgut?

Bei einem Mietereinbau handelt es sich um ein **unbewegliches** Wirtschaftsgut, wenn das besonderen Zwecken dienende Wirtschaftgut in einem von der eigentlichen Gebäudenutzung **verschiedenen** Nutzungs- und Funktionszusammenhang steht (H 13 (3) „Mietereinbauten" EStH).

100. Aus wie vielen Wirtschaftsgütern (sonstigen selbstständigen Gebäudeteilen) kann ein Gebäude bei unterschiedlicher Nutzung bestehen?

Je nach **Nutzung** eines Gebäudes können sich nach R 13 Abs. 4 Satz 1 EStR bis zu **vier selbstständige Wirtschaftsgüter** ergeben, und zwar für den

1. eigenbetrieblich genutzten Teil,
2. fremdbetrieblich genutzten Teil,
3. zu fremden Wohnzwecken genutzten Teil,
4. eigenen Wohnzwecken dienenden Teil.

101. Bei welchen Gebäuden kommen sonstige selbstständige Gebäudeteile insbesondere vor?

Sonstige selbstständigen Gebäudeteile kommen insbesondere bei **gemischt genutzten Gebäuden** vor, deren unterschiedlich genutzten Gebäudeteile (z.B. getrennt nach Stockwerken) als selbstständige Wirtschaftsgüter zu behandeln sind.

102. Wie hat die Aufteilung der Anschaffungs- oder Herstellungskosten des gesamten Gebäudes auf die einzelnen selbstständigen Gebäudeteile zu erfolgen?

Für die **Aufteilung** der **Anschaffungs- oder Herstellungskosten** des gesamten Gebäudes auf die einzelnen Gebäudeteile ist das **Verhältnis der Nutzfläche eines Gebäudeteils zur Nutzfläche des gesamten Gebäudes** maßgebend, es sei denn, die Aufteilung nach dem Verhältnis der Nutzflächen führt zu einem unangemessenen Ergebnis (R 13 Abs. 6 Satz 2 EStR).

103. Der Steuerpflichtige S erwarb ein 4-stöckiges Gebäude in Wiesbaden mit einer Nutzfläche von 640 qm. Das Gebäude wird wie folgt genutzt:

1. ***Erdgeschoss: HiFi-Geschäft des Steuerpflichtigen S (200 qm);***
2. ***Obergeschoss: Vermietet an Steuerberater B als Kanzleiräume (180 qm);***
3. ***Obergeschoss: Vermietet an Steuerberater B für dessen private Wohnzwecke (180 qm);***
4. ***Dachgeschoss: Nutzung zu eigenen Wohnzwecken des Steuerpflichtigen S (80 qm).***

Auf welche Gebäudeteile sind die Anschaffungskosten aufzuteilen?

Nach R 13 Abs. 4 und 6 EStR sind die Anschaffungskosten auf vier selbstständige Gebäudeteile aufzuteilen, und zwar in einen

- eigenbetrieblich genutzten Gebäudeteil (Erdgeschoss),
- fremdbetrieblich genutzten Gebäudeteil (1. Obergeschoss),
- für fremde Wohnzwecke genutzten Gebäudeteil (2. Obergeschoss),
- für eigene Wohnzwecke genutzten Gebäudeteil (Dachgeschosswohnung).

104. Welche Grundstücke und Grundstücksteile stellen notwendiges Privatvermögen dar?

Grundstücke und Grundstücksteile gehören zum **notwendigen Privatvermögen**, wenn und soweit sie **ausschließlich privaten Zwecken dienen oder dienen sollen**.

105. Welche Grundstücke und Grundstücksteile können als gewillkürtes Betriebsvermögen behandelt werden?

Grundstücke und Grundstücksteile, die nicht eigenbetrieblich genutzt werden und weder eigenen Wohnzwecken dienen, noch Dritten zu Wohnzwecken unentgeltlich überlassen sind, sondern z.B. zu Wohnzwecken oder zur gewerblichen Nutzung an Dritte vermietet sind, können als **gewillkürtes Betriebsvermögen** behandelt werden, wenn die Grundstücke oder Grundstückteile in einem gewissen objektiven Zusammenhang mit dem Betrieb stehen und ihn zu fördern bestimmt und geeignet sind (R 13 Abs. 9 Satz 1 EStR).

106. Welche Vereinfachungsregel besteht bezüglich der Zuordnung von Grundstücken und Grundstücksteilen?

Eigenbetrieblich genutzte Grundstücksteile brauchen nicht als Betriebsvermögen behandelt zu werden, wenn ihr Wert im Verhältnis zum Wert des ganzen Grundstücks von **untergeordneter Bedeutung** ist. Das ist in der Regel der Fall, wenn der **gemeine Wert** des eigenbetrieblich genutzten Grundstücksteils weder mehr als **ein Fünftel** des Werts des ganzen Grundstücks noch mehr als **20.500 €** beträgt (R 13 Abs. 8 Satz 1 EStR).

107. Wann ist ein Gebäudebestandteil unselbstständig?

Ein **Gebäudebestandteil** ist **unselbständig**, wenn er der **eigentlichen** Nutzung als Gebäude dient (R 13 Abs. 5 Satz 1 EStR). Unselbständig sind auch räumlich vom Gebäude getrennt errichtete Baulichkeiten, die in so einem engen Nutzungs- und Funktionszusammenhang mit dem Gebäude stehen, dass es ohne diese Baulichkeiten als **unvollständig** erscheint (R 13 Abs. 5 Satz 2 EStR).

Beispiele für **unselbstständige Gebäudeteile** sind nach H 13 (5) „Unselbstständige Gebäudeteile“ EStH z.B.:

- Fahrstuhl-, Heizungs-, Belüftungs- und Entlüftungsanlagen,
- Sprinkleranlagen einer Fabrik oder eines Warenhauses,
- Bäder und Duschen eines Hotels,
- Rolltreppen eines Kaufhauses,
- Umzäunung oder Garage bei einem Wohngebäude.

108. Wie wird der Gebäudeabbruch steuerrechtlich behandelt?

Wird ein Gebäude oder ein Gebäudeteil **abgerissen**, so sind für die steuerrechtliche Behandlung folgende Fälle zu unterscheiden (H 33a „Abbruchkosten“):

1. Der Steuerpflichtige hatte das Gebäude auf einem ihm bereits gehörenden Grundstück errichtet (Fall 1),

2. der Steuerpflichtige hat das Gebäude in der Absicht erworben, es als Gebäude zu nutzen (Erwerb ohne Abbruchabsicht; Fall 2),
3. der Steuerpflichtige hat das Gebäude zum Zweck des Abbruchs erworben (Erwerb mit Abbruchabsicht; Fall 3),
4. der Steuerpflichtige plant den Abbruch eines zum Privatvermögen gehörenden Gebäudes und die Errichtung eines zum Betriebsvermögen gehörenden Gebäudes (Einlage mit Abbruchabsicht; Fall 4).

109. Wie sind die Abbruchkosten und der Restbuchwert des abgebrochenen Gebäudes im Jahr des Abbruchs zu behandeln, wenn der Steuerpflichtige das Gebäude auf einem ihm bereits gehörenden Grundstück errichtet hatte (Fall 1) oder der Steuerpflichtige das Gebäude in der Absicht erworben hat, es als Gebäude zu nutzen (Fall 2)?

In den Fällen 1 und 2 sind im Jahr des Abbruchs die Abbruchkosten und der Restbuchwert des abgebrochenen Gebäudes **sofort abziehbare Betriebsausgaben**.

110. Der Steuerpflichtige hat ein Gebäude in Teilabbruchabsicht erworben. Das Gebäude wird dennoch vollständig abgebrochen. Wie sind die auf den nicht zum Abbruch geplanten Teil des Gebäudes entfallenden Abbruchkosten und der anteilige Restbuchwert zu behandeln?

Die Abbruchkosten für Gebäudeteile, deren Abbruch nicht geplant war sowie der anteilige Restbuchwert stellen **sofort abziehbare Betriebsausgaben** dar. Die anteiligen Abbruchkosten und der anteilige Restbuchwert sind ggf. zu schätzen.

111. Wie erfolgt die steuerrechtliche Behandlung des Buchwerts und der Abbruchkosten, wenn der Steuerpflichtige das Gebäude zum Zwecke des Abbruchs erworben hat (Erwerb mit Abbruchabsicht; Fall 3)?

Erwirbt der Steuerpflichtige das Gebäude mit Abbruchabsicht, so ist zu **unterscheiden**, ob das Gebäude technisch oder wirtschaftlich nicht verbraucht war oder ob das Gebäude im Zeitpunkt des Erwerbs objektiv wertlos war.

112. Wie erfolgt die steuerrechtliche Behandlung des Buchwerts und der Abbruchkosten, wenn der Steuerpflichtige ein technisch oder wirtschaftlich nicht verbrauchtes Gebäude zum Zwecke des Abbruchs erworben hat (Erwerb mit Abbruchabsicht)?

War das Gebäude bei einem Erwerb mit Abbruchabsicht **technisch oder wirtschaftlich nicht verbraucht**, so gehören sein Buchwert und die Abbruchkosten, wenn der Abbruch des Gebäudes mit der Herstellung eines neuen Wirtschaftsguts in einem engen wirtschaftlichen Zusammenhang steht, zu den Herstellungskosten dieses Wirtschaftsguts, sonst zu den Anschaffungskosten des Grund und Bodens.

113. Wie erfolgt die steuerrechtliche Behandlung des Buchwerts und der Abbruchkosten, wenn der Steuerpflichtige ein im Zeitpunkt des Erwerbs objektiv wertloses Gebäude zum Zwecke des Abbruchs erworben hat (Erwerb mit Abbruchabsicht)?

War das Gebäude bei einem Erwerb mit Abbruchabsicht im Zeitpunkt des Erwerbs objektiv wertlos, so entfällt der volle Anschaffungspreis auf den **Grund und Boden**. Für die Abbruchkosten gilt die Regelung hinsichtlich eines technisch oder wirtschaftlich nicht verbrauchtes Gebäude entsprechend.

114. Wann wird ein Erwerb mit Abbruchabsicht angenommen?

Wird mit dem Abbruch eines Gebäudes innerhalb von **drei Jahren** nach dem Erwerb begonnen, so spricht der **Beweis des ersten Anscheins** (Anscheinsbeweis) dafür, dass der Erwerber das Gebäude in der Absicht erworben hat. es abzureißen.

115. Wie kann der Steuerpflichtige diesen Anscheinsbeweis entkräften?

Der Steuerpflichtige kann diesen **Anscheinsbeweis** entkräften, z.B. dadurch, dass es zu dem Abbruch erst aufgrund eines **ungewöhnlichen Geschehensablaufs** gekommen ist. Für den Beginn der Dreijahresfrist ist in der Regel der Abschluss des **obligatorischen Rechtsgeschäfts** maßgebend.

116. Der Steuerpflichtige plant den Abbruch eines zum Privatvermögen gehörenden Gebäudes und die Errichtung eines zum Betriebvermögen gehörenden Gebäudes (Einlage mit Abbruchabsicht; Fall 4). Wie ist dieser Fall steuerrechtlich zu behandeln?

Plant der Steuerpflichtige den Abbruch eines zum Privatvermögen gehörenden Gebäudes und die Errichtung eines zum Betriebvermögen gehörenden Gebäudes (Einlage mit Abbruchabsicht; Fall 4), so gehören der Wert des abgebrochenen Gebäudes und die Abbruchkosten zu den **Herstellungskosten** des neu zu errichtenden Gebäudes.

117. Wie ist der Erlös aus dem Verkauf es Abbruchmaterials steuerrechtlich zu behandeln?

Der Erlös aus dem Verkauf von Abbruchmaterial mindert die Abbruchkosten.

118. Bei der Neubauerrichtung wird Abbruchmaterial wiederverwendet. Hat dies steuerrechtliche Konsequenzen?

Der Wert des im Rahmen einer Neubauerrichtung wiederverwendeten Abbruchmaterials erhöht die Herstellungskosten des Neubaus.

119. An Mieter oder Pächter werden für die vorzeitige Räumung eines Grundstücks zur Errichtung eines Gebäudes Entschädigungszahlungen geleistet. Stellen die Entschädigungszahlungen sofort abziehbare Betriebsausgaben dar?

Entschädigungszahlungen, die an weichende Mieter oder Pächter gezahlt werden, um alsbald mit der Herstellung des Neubaus beginnen zu können, sind **Herstellungskosten des Neubaus** (H 33a „Ablöse- und Abstandszahlungen" EStH).

120. Der Steuerpflichtige vermietet das Gebäude bis zum Abbruch. Kann die Nutzungsdauer des Gebäudes auf die Zeit bis zum Abbruch verkürzt werden?

Für die Zeit einer etwaigen Zwischennutzung (z.B. Vermietung bis zum Abbruch) ist die AfA nach § 7 Abs. 4 EStG vorzunehmen. Eine Kürzung der Nutzungsdauer auf die Zeit bis zum Abbruch ist **nicht zulässig**.

121. Welche Wirtschaftsgüter kommen als immaterielle (unkörperliche) Wirtschaftsgüter in Betracht?

Nach R 31a Abs. 1 Satz 1 EStR kommen als immaterielle (unkörperliche) Wirtschaftsgüter in Betracht: Rechte, rechtsähnliche Werte und sonstige Vorteile.

122. Gehören Computerprogramme zu den immateriellen Wirtschaftsgütern?

Computerprogramme können zu den materiellen oder immateriellen Wirtschaftsgütern gehören. Es sind folgende Unterscheidungen zu treffen:

- Computerprogramme ohne Befehlsstruktur (= reine Datenträger) stellen materielle Wirtschaftsgüter dar (H 31a „Immaterielle Wirtschaftsgüter" EStH).
- Bei Computerprogrammen mit Befehlsstruktur (= Software) ist zwischen Systemsoftware und Anwendersoftware zu unterscheiden.
  - Systemsoftware stellt ein immaterielles Wirtschaftsgut dar.
  - Bezüglich der Anwendersoftware ist zwischen Individual- und Standardsoftware zu unterscheiden.
    - Individualsoftware stellt ein immaterielles Wirtschaftsgut dar.
    - Reguläre Standardsoftware stellt ein immaterielles Wirtschaftsgut dar, ausgenommen **Trivialprogramme**, die zu den abnutzbaren beweglichen und selbstständig nutzbaren Wirtschaftsgütern zählen.
    - Nach Auffassung der Finanzverwaltung stellen Computerprogramme, deren Anschaffungskosten nicht mehr als **410 €** betragen, stets Trivialprogramme dar (R 31a Abs. 1 Satz 3 EStR).

123. Wie sind immaterielle Wirtschaftsgüter des Anlagevermögens zu behandeln?

Nach § 5 Abs. 2 EStG ist für immaterielle Wirtschaftsgüter des Anlagevermögens ein Aktivposten nur anzusetzen, wenn sie **entgeltlich erworben** wurden.

124. Greift das Aktivierungsverbot des § 5 Abs. 2 EStG auch dann, wenn ein immaterielles Wirtschaftsgut in das Anlagevermögen eingelegt wird?

Legt ein Steuerpflichtiger ein immaterielles Wirtschaftsgut des Anlagevermögens in seinen Betrieb ein, so findet das Aktivierungsverbot des § 5 Abs. 2 EStG **keine** Anwendung (R 31a Abs. 3 Satz 3 EStR).

125. Besteht ein Aktivierungsverbot auch für selbst geschaffene immaterielle Wirtschaftsgüter des Umlaufvermögens?

Für selbst geschaffene immaterielle Wirtschaftsgüter des **Umlaufvermögens** besteht nach dem Vollständigkeitsgebot des § 246 Abs. 1 Satz 1 HGB i.V.m. § 5 Abs. 2 EStG eine **Aktivierungspflicht**.

126. Welche Bedeutung hat die Unterscheidung materielles/immaterielles Wirtschaftsgut einerseits und Anlagevermögen/Umlaufvermögen andererseits?

Die Auswirkungen der Unterscheidung liegen im Bereich der Absetzung für Abnutzung. Für immaterielle Wirtschaftsgüter kommt nur die lineare AfA nach § 7 Abs. 1 EStG in Betracht. Umlaufvermögen unterliegt nicht der Regel-AfA.

127. Wie wird das Betriebsvermögen ermittelt?

Das Betriebsvermögen wird durch **Inventur** (körperliche Bestandsaufnahme durch Zählen, Messen, Wiegen) zu einem bestimmten Stichtag ermittelt. Die einzelnen Aktivposten und Schulden sind sodann zu bewerten und in ein Inventar (=

Verzeichnis dieser Posten nach Art und Menge unter Angabe des genauen Werts) aufzunehmen.

5. Entnahmen und Einlagen

Literaturhinweis: Falterbaum, H./Bolk, W./Reiß, W./Eberhart, R., Buchführung und Bilanz, 18. Aufl., Achim 2001, S. 863 ff.

1. Wann liegt eine Entnahme i.S.d. § 4 Abs. 1 Satz 2 EStG vor?

Eine **Entnahme** i.S.d. § 4 Abs. 1 Satz 2 EStG liegt vor, wenn ein Wirtschaftsgut aus dem betrieblichen oder beruflichen Bereich in

- den privaten Bereich oder
- einen anderen betriebs- oder berufsfremden Bereich übergeht (R 14 Abs. 2 Satz 1 EStR)

und danach eine spätere einkommensteuerliche Erfassung der im Buchwert des Wirtschaftsguts enthaltenen **stillen Reserven** nicht mehr gewährleistet ist.

2. Was ist Voraussetzung für eine Entnahme?

Eine Entnahme erfordert regelmäßig eine **eindeutige Entnahmehandlung**, die von einem **Entnahmewillen** getragen wird (R 14 Abs. 3 Satz 1 EStR).

3. Ein Unternehmer bebaut einen bislang betrieblich genutzten Lagerplatz mit einem Einfamilienhaus, das seinen privaten Wohnzwecken dienen soll. Worin liegt die Entnahmehandlung des Unternehmers?

Die **Entnahmehandlung** des Unternehmers liegt in der **Bebauung** des bislang betriebliche genutzten Lagerplatzes mit einem Einfamilienhaus für private Zwecke des Unternehmers.

4. Was sind Einlagen i.S.d. § 4 Abs. 1 Satz 5 EStG?

Einlagen i.S.d. § 4 Abs. 1 Satz 5 EStG sind alle Wirtschaftsgüter, die der Steuerpflichtige dem Betrieb im Laufe eines Wirtschaftsjahrs zuführt.

5. Was kann Gegenstand einer Einlage sein?

Gegenstand einer **Einlage** können nur **materielle** oder **immaterielle Wirtschaftsgüter** sein.

6. § 4 Abs. 1 Satz 2 EStG verwendet in dem Klammerausdruck (Barentnahmen, Waren ...) auch den Ausdruck „Nutzungen". Können „Nutzungen" Gegenstand einer Einlage sein?

Nutzungen können nur Gegenstand einer Einlage sein, wenn es sich um in Wirtschaftsgütern verkörperte **Nutzungsrechte** handelt. Ein derartiges einlagefähiges Nutzungsrecht liegt bei dinglich und obligatorischen Ansprüchen auf Nutzungsgewährung aufgrund gesicherter Rechtspositionen vor (z.B. Nießbrauch, Miete, Leihe), nicht hingegen bei rechtlich ungesicherter, jederzeit entziehbarer Überlassung eines Wirtschaftsguts zur Nutzung. Dies gilt sinngemäß auf für Nutzungsentnahmen.

7. Können schlichte Nutzungen i.S.v. Nutzungs- oder Gebrauchsmöglichkeiten Gegenstand einer Einlage sein?

Schlichte Nutzungen i.S.v. **Nutzungs- oder Gebrauchsmöglichkeiten** können **nicht** Gegenstand einer Einlage sein, denn sie sind einer **selbstständigen Bewertung** nicht zugänglich. Schlichte Nutzungsvorteile sind deshalb weder einlage- noch entnahmefähig. Insoweit ist der Klammerausdruck (Nutzungen und Leistungen) in § 4 Abs. 1 Satz 2 EStG **missverständlich formuliert**.

8. Welche Nutzungen und Leistungen sollen nach § 4 Abs. 1 Satz 2 EStG erfasst werden?

Durch § 4 Abs. 1 Satz 2 EStG sollen Nutzungs- und Leistungs**entnahmen** i.S.v. **Aufwandsentnahmen** erfasst werden. Dies gilt sinngemäß auch für Einlagen.

9. Kommt die eigene Arbeitskraft eines Unternehmers als Entnahme oder Einlage in Betracht?

Die **eigene Arbeitskraft** kann nach h.M. nicht Gegenstand einer Einlage oder Entnahme sein, soweit sie nicht in den Wert eines Wirtschaftsguts eingegangen ist.

10. Ein Bauunternehmer errichtet ein Privatgebäude unter Einsatz seiner Arbeitskraft. Liegt eine Entnahme vor?

Da der Bauunternehmer kein Wirtschaftsgut entnimmt, liegt keine Entnahme vor.

11. Ein Bauunternehmer errichtet das Gebäude unter Einsatz seiner Arbeitskraft im Betriebsvermögen. Nach Fertigstellung entnimmt er das Gebäude. In welchem Umfang liegt eine Entnahme vor?

Die Entnahme umfasst das Gebäude einschließlich der Arbeitskraft des Bauunternehmers. Seine Arbeitsleistung ist in das fertige Werk eingegangen.

12. Was sind „andere betriebsfremde Zwecke"?

Mit der Formulierung „andere betriebsfremde Zwecke" soll in erster Linie die **Inlandsbesteuerung** der im Inland erwirtschafteten stillen Reserven gewährleistet werden. Dies ist z.B. der Fall, wenn ein Wirtschaftsgut in eine ausländische Betriebsstätte überführt wird oder wenn ein Wechsel von einer Gewinneinkunftsart in eine Überschusseinkunftsart erfolgt.

13. Warum wird bei der Gewinnermittlung durch Betriebsvermögensvergleich dem Unterschiedsbetrag zwischen dem Betriebsvermögen am Schluss des Wirt-

schaftsjahres und dem Betriebsvermögen am Schluss des vorangegangenen Wirtschaftsjahres der Wert der Entnahmen zugerechnet und der Wert der Einlagen abgerechnet?

Entnahmen aus dem Betrieb vermindern das Betriebsvermögen. Diese Betriebsvermögensminderung darf den Gewinn nicht beeinflussen, da sie nicht Ergebnis betrieblichen Handelns ist. Deshalb sind Entnahmen bei der Gewinnermittlung dem Unterschiedsbetrag hinzuzurechnen. Dasselbe gilt umgekehrt für Einlagen.

6. Bewertung

Literaturhinweis: Falterbaum, H./Bolk, W./Reiß, W./Eberhart, R., Buchführung und Bilanz, 18. Aufl., Achim 2001, S. 479 ff.

6.1 Bewertungsmaßstäbe der Steuerbilanz

1. Wie sind Vermögensgegenstände bzw. Wirtschaftsgüter und Schulden zum Abschlussstichtag zu bewerten?

Vermögensgegenstände bzw. Wirtschaftsgüter und Schulden sind zum Abschlussstichtag **einzeln** zu bewerten (Grundsatz der **Einzelbewertung**).

2. Aus welchen Vorschriften lässt sich der Grundsatz der Einzelbewertung ableiten?

Aus **§ 240 Abs. 1 und § 252 Abs. 1 Nr. 3 HGB** und dem **Einleitungssatz** des **§ 6 EStG** geht hervor, dass jeder **einzelne Vermögensgegenstand** bzw. **jedes einzelne Wirtschaftsgut** für **sich** zu bewerten ist.

3. Welche Bedeutung hat der Grundsatz der Einzelbewertung?

Der **Grundsatz der Einzelbewertung** sichert, dass notwendige **Abschreibungen** oder Wertabschläge nicht deshalb unterbleiben, weil anderen Vermögensgegenständen (Wirtschaftsgütern) ein höherer Wert als der Buch- und Bilanzwert beizulegen ist. Der Grundsatz **verhindert** einen **Bewertungsausgleich** zwischen den einzelnen Wirtschaftsgütern.

4. Wo findet der Grundsatz der Einzelbewertung seine Grenzen?

Der Grundsatz der Einzelbewertung findet dort seine **Grenze**, wo die damit verbundene Arbeit, insbesondere bei der **Inventur**, durch den Zweck der Einzelbewertung nicht mehr gerechtfertigt ist. Deshalb sind bei Vorliegen der jeweiligen Voraussetzungen folgende, gesetzlich geregelte **Bewertungsvereinfachungen** zulässig:

- Gruppenbewertung (§§ 240 Abs. 4, 256 HGB),
- Durchschnittsbewertung (§§ 240 Abs. 4, 256 HGB),
- Verbrauchsfolge- bzw. Veräußerungsfolgebewertung (§ 256 Satz 1 HGB),
- Festbewertung (§§ 240 Abs. 3, 256 HGB).

5. Welches sind die Ausgangs- oder Basiswerte für die steuerliche Bewertung?

Ausgangs- oder Basiswerte für die steuerliche Bewertung sind die **Anschaffungskosten**, die **Herstellungskosten** und der **Teilwert**.

6.2 Anschaffungskosten

6. Welche Aufwendungen sind Anschaffungskosten eines Wirtschaftsguts?

Nach **§ 255 Abs. 1 HGB** sind **Anschaffungskosten** die Aufwendungen, die geleistet werden

- um einen Vermögensgegenstand **zu erwerben** und
- ihn in einen **betriebsbereiten Zustand** zu versetzen, soweit
- sie dem Vermögensgegenstand **einzeln zugeordnet** werden können.

Zu den **Anschaffungskosten** gehören der **Anschaffungspreis** und die **Anschaffungsnebenkosten** abzüglich **Anschaffungspreisminderungen**. **Nachträgliche** Anschaffungspreiserhöhungen und -minderungen sind zu berücksichtigen. **Gemeinkosten** gehören **nicht** zu den Anschaffungskosten.

Anschaffungspreis
+ Anschaffungsnebenkosten, sofern **einzeln** zurechenbar
+ nachträgliche Anschaffungskosten
./. Anschaffungspreisminderungen
./. nachträgliche Anschaffungspreisminderungen
= **Anschaffungskosten**

7. Zu welchem Zeitpunkt ist ein Wirtschaftsgut angeschafft?

Ein Wirtschaftsgut ist in dem Zeitpunkt angeschafft, in dem der Erwerber die **wirtschaftliche** Verfügungsmacht erlangt. Auf die Bezahlung kommt es nicht an.

8. Wodurch wird die wirtschaftliche Verfügungsmacht regelmäßig erlangt?

Die wirtschaftliche Verfügungsmacht wird regelmäßig mit der **Lieferung** (§ 446 BGB) durch **Übergang von Besitz, Gefahr, Nutzung und Lasten** erlangt.

9. Wie können die Anschaffungskosten ermittelt werden?

Die Anschaffungskosten können durch

- Einzelfeststellung oder
- retrograde Bewertung bei Waren (Verkaufswertverfahren)

ermittelt werden.

10. Wie erfolgt die retrograde Ermittlung der Anschaffungskosten von Waren (Verkaufswertverfahren)?

Nach H 32a „Waren" EStH werden die Anschaffungskosten von Waren bei retrograder Ermittlung in der Weise ermittelt, dass von den ausgezeichneten Preisen die kalkulierte Handelsspanne abgezogen wird.

11. Gehört der Wert übernommener Schulden zu den Anschaffungskosten?

Der Wert übernommener Schulden gehört zu den Anschaffungskosten (H 32a „Schuldübernahmen" EStH).

12. Ein Unternehmer geht im Zusammenhang mit dem Erwerb eines Grundstücks für seinen Gewerbebetrieb eine Rentenverpflichtung ein. Wie sind die Anschaffungskosten des Grundstücks in Bezug auf die Rentenverpflichtung zu ermitteln?

Nach H 32a „Rentenverpflichtung" EStH ist der Wert der übernommenen Rentenverpflichtung der **Barwert der Rente**. Dieser Wert ist grundsätzlich nach den §§ 12 ff. BewG zu ermitteln ist. Der Barwert kann auch nach versicherungsmathematischen Grundsätzen ermittelt werden.

13. Wie bemessen sich die Anschaffungskosten beim Tausch von Wirtschaftsgütern?

Beim Tausch von Wirtschaftsgütern bemessen sich die Anschaffungskosten grundsätzlich nach dem **gemeinen Wert** der hingegebenen Wirtschaftsgütern.

14. Welcher Wechselkurs ist bei einem Anschaffungsgeschäft in ausländischer Währung maßgebend?

Bei einen Anschaffungsgeschäft in **ausländischer Währung** ist der **Wechselkurs zum Anschaffungszeitpunkt** für den Ansatz der Anschaffungskosten maßgebend.

15. Berühren Wertänderungen nach dem Zeitpunkt der Anschaffung, wie z.B. spätere Änderungen des Rentenbarwerts oder Wechselkursänderungen, die ursprünglichen Anschaffungskosten?

Für die Ermittlung der Anschaffungskosten ist der **Tag des Erwerbs** des Wirtschaftsguts maßgebend. Wertänderungen nach dem Zeitpunkt der Anschaffung (z.B. Änderungen des Rentenbarwerts oder Wechselkursänderungen) berühren deshalb die ursprünglichen Anschaffungskosten nicht.

16. Welche Aufwendungen gehören zu den Anschaffungsnebenkosten?

Zu den **Anschaffungsnebenkosten** gehören alle Nebenkosten, die durch den **Erwerb** des Wirtschaftsguts **veranlasst** sind und **Einzelkosten** darstellen.

Anschaffungsnebenkosten sind beispielsweise

- Transportkosten (Eingangsfrachten, Rollgelder),
- Abladekosten,
- Kosten für die Montage,
- Provisionen,
- Vermittler- und Maklergebühren,
- bestimmte Steuern (Grunderwerbsteuer, Eingangszölle und sonstige Abgaben für die beschafften Wirtschaftsgüter),
- Notariats-, Register- und Gerichtsgebühren,
- Abfindungen für die Auflösung von Mietverträgen und Grunddienstbarkeiten.

17. Ein Unternehmen erwirbt Vorräte. Der Transport zum Betriebsgrundstück erfolgt durch den Lieferanten. Handelt es sich bei den Transportkosten um Anschaffungsnebenkosten der Vorräte?

Die Transportkosten sind durch den Erwerb veranlasst. Sie rechnen zu den Anschaffungskosten der Vorräte, wenn es sich um **Einzelkosten** handelt. Das ist der Fall, wenn die im Beschaffungsbereich anfallenden Kosten durch Inanspruchnahme **fremder Unternehmer** entstehen. Da diese Voraussetzungen erfüllt sind, handelt es sich hier bei den Transportkosten um Anschaffungsnebenkosten.

18. Welche Aufwendungen stellen Anschaffungsnebenkosten im Zusammenhang mit dem Erwerb eines Grundstücks dar?

Im Zusammenhang mit einem Grundstückserwerb fallen in der Regel folgende Anschaffungsnebenkosten an:

- Grunderwerbsteuer,
- Maklergebühren,
- Notariats- und Grundbuchkosten und
- evtl. Kosten der Besichtigung des konkreten Grundstücks.

19. Gehört die Umsatzsteuer zu den Anschaffungsnebenkosten?

Soweit die Umsatzsteuer nach § 15 UStG **nicht** als Vorsteuer abzugsfähig ist, gehört sie zu den Anschaffungsnebenkosten (§ 9b Abs. 1 Satz 1 EStG).

20. Welche Vereinfachungsregel besteht nach § 9b Abs. 1 Satz 2 EStG?

Nach § 9b Abs. 1 Satz 2 EStG braucht der Teil des Vorsteuerabzugs, der nicht abgezogen werden kann, den Anschaffungs- oder Herstellungskosten des Wirtschaftsguts, auf dessen Anschaffung oder Herstellung der Vorsteuerbetrag entfällt, nicht zugerechnet werden,

1. wenn er 25 v.H. des Vorsteuerbetrags und 260 € nicht übersteigt, oder
2. wenn die zum Ausschluss des Vorsteuerabzugs führenden Umsätze nicht mehr als 3 v.H. des Gesamtumsatzes betragen.

21. Welche Bedeutung hat die Frage der Abzugsfähigkeit der Umsatzsteuer im Zusammenhang mit der Bewertungsfreiheit des § 6 Abs. 2 EStG (geringwertige Wirtschaftsgüter)?

Für die Entscheidung der Frage, ob bei **geringwertigen Wirtschaftsgütern** i.S.d. § 6 Abs. 2 EStG die Grenze von **410 €** überschritten ist, ist stets von den Anschaffungs- oder Herstellungskosten **abzüglich** eines darin enthaltenen Vorsteuerbetrags, also von dem reinen **Warenwert ohne Vorsteuer** (Nettowert) auszugehen. Ob der Vorsteuerbetrag umsatzsteuerlich abziehbar ist, ist in diesem Falle **ohne Bedeutung** (R 86 Abs. 4 Sätze 1 und 2 EStR).

22. Ein Unternehmer holt Vorräte mit eigenem Lkw beim Produzenten ab. Die Kosten des Lkw (AfA, Kosten für Treibstoff, Öl, Reparaturen) können nur indirekt durch Schätzung ermittelt werden. Das Beladen und Entladen des Lkw erfolgt durch eigene Arbeitskräfte, die ansonsten auch mit anderen Tätigkeiten im Unternehmen befasst sind. Liegen in Bezug auf den Transport und das Be- und Entladen der Vorräte Anschaffungsnebenkosten vor?

Bei den im Zusammenhang mit der Anschaffung der Vorräte anfallenden Nebenkosten handelt es sich **nicht** um Einzelkosten, sondern um **Gemeinkosten** des Beschaffungsbereichs. Derartige Kosten gehören nicht zu den Anschaffungsnebenkosten.

23. Welche Aufwendungen gehören zu den nachträglichen Anschaffungskosten?

Nachträgliche Aufwendungen gehören nur dann zu den Anschaffungskosten (nachträgliche Anschaffungskosten), wenn sie **von vornherein** in **sachlichem Zusammenhang** zum Erwerb stehen, d.h. wenn sie unmittelbare Folgekosten des Erwerbsvorgangs sind und zu einer Erhöhung des Werts des Wirtschaftsguts führen. Zu den **nachträglichen Anschaffungskosten** gehören z.B. Aufwendungen für **Ergänzungsbeschaffungen**, wenn sie zeitlich und sachlich mit der Anschaffung zusammenhängen. (Beispiel: nachträglicher Einbau eines Autoradios).

24. Führen nachträgliche Anschaffungskosten zu einer rückwirkenden Änderung der Anschaffungskosten?

Nachträgliche Anschaffungskosten führen zu **keiner nachträglichen Erhöhung** der **ursprünglichen** Anschaffungskosten. Sie sind vielmehr im **Wirtschaftsjahr ihres Anfalls** als nachträgliche Anschaffungskosten anzusetzen.

25. Welche Preisnachlässe kommen als Anschaffungspreisminderungen in Betracht?

Als **Anschaffungspreisminderungen** kommen **Preisnachlässe jeder Art**, z.B. Skonti, Rabatte, Boni usw., in Betracht.

26. Zu welchem Zeitpunkt erfolgt die Anschaffungskostenminderung durch Skonto?

Die Anschaffungspreisminderung durch Skonto erfolgt **erst im Zeitpunkt** der Inanspruchnahme (H 32a „Skonto" EStH).

27. Sind Bonusansprüche, auf die am Bilanzstichtag ein Rechtsanspruch besteht, bei Ermittlung der Anschaffungskosten zu berücksichtigen?

Bonusansprüche, auf die zum Bilanzstichtag ein Rechtsanspruch besteht, sind bei Ermittlung der Anschaffungskosten zu berücksichtigen.

28. Beeinflussen Naturalrabatte die Anschaffungskosten?

Bei Gewährung von **Naturalrabatten** verringert sich der Anschaffungspreis des einzelnen Wirtschaftsguts, indem der **Gesamtkaufpreis** auf die insgesamt erhaltene Menge **verteilt** wird.

29. Welche Bedeutung haben Zahlungsabzüge wie Skonti, Rabatte und Boni im Zusammenhang mit der Bewertungsfreiheit des § 6 Abs. 2 EStG?

Derartige Zahlungsabzüge sind für die Frage von Bedeutung, ob die Anschaffungskosten **410 €** übersteigen.

30. Gehören Geldbeschaffungskosten (Finanzierungskosten) zu den Anschaffungskosten?

Geldbeschaffungskosten (Finanzierungskosten) gehören **nicht** zu den **Anschaffungskosten** des Wirtschaftsguts, da sie **nicht** mit dem Erwerbsvorgang wirtschaftlich zusammenhängen, sondern mit der **Finanzierung** des **Kaufpreises** oder der **Erlangung** des **Kredits**.

31. Stellen Aufwendungen für Vertragsstrafen Anschaffungskosten dar?

Aufwendungen für **Vertragsstrafen** (Konventionalstrafen, § 339 BGB) stellen **keine** Anschaffungskosten dar.

32. Gehören Betriebsbereitschaftskosten (z.B. Kosten für das Abladen, Kosten des erstmaligen Einlagerns, Kosten für die Aufstellung des Wirtschaftsguts, Kosten für die technische Umrüstung eines Waggons oder Schiffes) zu den Anschaffungskosten?

Betriebsbereitschaftskosten gehören zu den Anschaffungskosten, soweit sie **Einzelkosten der Anschaffung** sind.

33. Wie wird Schwund im Rahmen der Ermittlung der Anschaffungskosten behandelt?

Der Anschaffungsvorgang endet erst, wenn die angeschafften Wirtschaftsgüter das Lager erreicht haben. Ist es **branchenüblich**, dass während des Transports und bei der Einlagerung erfahrungsgemäß ein bestimmter Teil der angelieferten Wirtschaftsgüter unterwegs oder im Zuge der Einlagerung verdirbt, zerstört wird, sich verflüchtigt oder aus einem anderen Grund verloren geht, sind die Anschaffungskosten des gesamten erworbenen Postens auf diejenigen Teile, die unversehrt in das Lager des Erwerbs gelangen, zu verteilen.

34. Was ist ein Zuschuss?

Ein Zuschuss ist ein **Vermögensvorteil**, den ein Zuschussgeber zur Förderung eines – zumindest auch – in seinem Interesse liegenden Zwecks dem Zuschussempfänger zuwendet (R 34 Abs. 1 Satz 1 EStR). Fehlt ein Eigeninteresse des Leistenden, liegt kein Zuschuss vor (R 34 Abs. 1 Satz 2 EStR).

35. Wie werden Zuschüsse bilanzsteuerrechtlich behandelt?

Bilanzsteuerrechtlich wird zwischen **Kapitalzuschuss** (echter Zuschuss) und **Ertragszuschuss** (unechter Zuschuss) unterschieden.
Kapitalzuschüsse werden gegeben, wenn der Zuschussgeber dem Zuschussnehmer einmalige oder laufende Zuwendungen zukommen lässt, ohne dass eine Rückzahlung erfolgt oder ein unmittelbarer wirtschaftlicher Zusammenhang mit einer Gegenleistung des Zuschussempfängers besteht.
Für **Kapitalzuschüsse** besteht ein **Wahlrecht.** Der Zuschussnehmer, der die Anlagegüter mit Zuschüssen aus öffentlichen oder privaten Mitteln angeschafft oder hergestellt hat, kann die Zuschüsse als **Ertrag** (Betriebseinnahme) ausweisen. Die Anschaffungs- oder Herstellungskosten werden in diesem Fall nicht berührt. Stattdessen kann der Zuschussempfänger die Zuschüsse im Zeitpunkt des Zuflusses **erfolgsneutral** behandeln. In diesem Fall werden die Anschaffungs- und Herstellungskosten der bezuschussten Anlagegüter um den Zuschuss gemindert. Die Anlagegüter sind nur mit den selbst aufgewendeten Beträgen anzusetzen. Voraussetzung für die erfolgsneutrale Behandlung der Zuschüsse ist, dass in der Handelsbilanz entsprechend verfahren wird (R 34 Abs. 2 Sätze 1 – 4 EStR).
Grundlage für die **Bemessung der AfA** bilden in diesem Fall die eigenen Aufwendungen. Die jährlichen AfA-Beträge sind entsprechend geringer. Der Erfolg wird über die niedrigeren AfA-Beträge beeinflusst. Bei nicht abnutzbaren Wirtschaftsgütern wird der Erfolg erst bei Veräußerung oder Entnahme beeinflusst. Werden Zuschüsse aus **privaten Gründen** gewährt, so stellen sie eine **Einlage** dar.
Werden **Ertragszuschüsse** aus **betrieblichen Gründen** zur **Verbesserung der Ertragskraft** eines Unternehmens gegeben, so sind sie **Betriebseinnahmen**. Erstreckt sich die Gegenleistung des Zuschussempfängers über das Jahr des Zuschusserhalts hinaus, ist der erhaltene Zuschuss auf die Dauer der Verpflichtung zur Gegenleistung zu verteilen. Der erhaltene Zuschuss ist als passiver Rechnungsabgrenzungsposten anzusetzen und linear zu verteilen (§ 5 Abs. 5 Satz 1 Nr. 2 EStG).

6.3 Herstellungskosten

36. Welche bilanzielle Bedeutung haben die Herstellungskosten?

Die **Herstellungskosten** sind der **Bewertungsmaßstab** für **die nicht von fremden Dritten** erworbenen, sondern **im Betrieb selbst hergestellten** Wirtschaftsgüter.

37. Welche besondere Bedeutung haben die Herstellungskosten für die periodengerechte Gewinnermittlung?

Die in **§ 255 Abs. 2 HGB** genannten Aufwendungen werden durch die Aktivierung bilanziell zunächst **neutralisiert** und erst in der Periode der Verwendung des hergestellten Wirtschaftsguts (z.B. Verkauf) den entsprechenden Erträgen ergebniswirksam als Aufwand gegenübergestellt.

38. Kann bei der Ermittlung der Herstellungskosten von dem Zahlenwerk der Kostenrechnung ausgegangen werden?

Das **Zahlenwerk der Kostenrechnung** stellt die **Grundlage** für die Ermittlung der **bilanziellen Herstellungskosten** nach § 255 Abs. 2 HGB dar. Zur Ermittlung der **bilanziellen Herstellungskosten** sind diejenigen Kosten der Kostenrechnung zu **eliminieren**, die **nicht aufwandsgleich** sind (kalkulatorische Kosten). Ferner scheiden bei Ermittlung der bilanziellen Herstellungskosten Bewertungen zu höheren Wiederbeschaffungskosten wie auch solche Kosten aus, die außerhalb des Produktionsprozesses anfallen (Vertriebskosten).
Da nur **aufwandsgleiche Kosten** in die handels- und steuerrechtlichen Herstellungskosten einbezogen werden dürfen, sollte besser von **„Herstellungsaufwand"** gesprochen werden.

39. Welche Aufwendungen führen nach § 255 Abs. 2 Satz 1 HGB allgemein zu Herstellungskosten?

Allgemein führen nach § 255 Abs. 2 Satz 1 HGB „Aufwendungen, die durch den Verbrauch von Gütern und die Inanspruchnahme von Diensten für die Herstellung eines Vermögensgegenstandes, seine Erweiterung oder für eine über seinen ursprünglichen Zustand hinausgehende wesentliche Verbesserung entstehen" zu Herstellungskosten.

40. Welche beiden Herstellungsfälle erfasst somit die Vorschrift des § 255 Abs. 2 Satz 1 HGB?

Die Vorschrift des § 255 Abs. 2 Satz 1 HGB erfasst **zwei Herstellungsfälle**:

- das **Neuentstehen** eines Vermögensgegenstandes sowie
- **bestimmte spätere Aufwendungen** auf einen bereits vorhandenen Vermögensgegenstand (nachträgliche Herstellungskosten).

41. Wann beginnt die Herstellung?

Die Herstellung **beginnt**, wenn Handlungen vorgenommen werden, die darauf gerichtet sind, einen Vermögensgegenstand zu schaffen oder einen bereits vorhandenen Vermögensgegenstand wesentlich zu verändern.

42. Wann endet die Herstellung?

Die Herstellung **endet**, wenn der Vermögensgegenstand **fertiggestellt** ist.

43. Gehören Aufwendungen, die der körperlichen Herstellung eines Vermögensgegenstandes vorausgehen, z.B. Kosten der Planung, zu den Herstellungskosten?

Aufwendungen, die der „körperlichen" Herstellung eines Vermögensgegenstandes vorausgehen (z.B. Kosten der Planung), gehören zu den Herstellungskosten.

44. Gehören Aufwendungen, die während der Unterbrechung des Herstellungsvorgangs angefallen sind, zu den Herstellungskosten?

Ist der Herstellungsvorgang unterbrochen, so können die während der Zeit der Unterbrechung angefallenen Aufwendungen **nicht** als Herstellungskosten berücksichtigt werden.

45. Ist die Definition des Herstellungskostenbegriffs in § 255 Abs. 2 HGB auch für das Bilanzsteuerrecht maßgeblich?

Die Definition des Herstellungskostenbegriffs in § 255 Abs. 2 HGB ist für die einkommensteuerrechtliche Bewertung maßgebend (R 33 EStR).

46. Welche Aufwendungen müssen handelsrechtlich mindestens in die Herstellungskosten einbezogen werden und welche Aufwendungen dürfen zusätzlich einbezogen werden?

Nach § 255 Abs. 2 **Satz 2** HGB **müssen** die Material**einzelkosten**, die Fertigungs**einzelkosten** und die **Sonderkosten der Fertigung** in die Herstellungskosten einbezogen werden. Diese Kosten bilden die **handelsrechtliche Wertuntergrenze** der Herstellungskosten.
Angemessene Teile der **notwendigen Material- und Fertigungsgemeinkosten** sowie der **Wertverzehr des Anlagevermögens**, soweit er durch die Fertigung veranlasst ist, **dürfen** nach § 255 Abs. 2 **Satz 3** HGB in die Herstellungskosten einbezogen werden. Auch **Verwaltungskosten** und **freiwillige betriebliche Sozialleistungen dürfen** - soweit sie auf den Herstellungszeitraum entfallen - in die Herstellungskosten einbezogen werden (§ 255 Abs. 2 **Sätze 4 und 5** HGB).

47. Dürfen Vertriebskosten in die Herstellungskosten einbezogen werden?

Vertriebskosten **dürfen nicht** in die Herstellungskosten einbezogen werden (§ 255 Abs. 2 Satz 6 HGB).

48. Dürfen Fremdkapitalzinsen in die Herstellungskosten einbezogen werden?

Fremdkapitalzinsen **dürfen nicht** in die Herstellungskosten einbezogen werden (§ 255 Abs. 3 Satz 1 HGB). Sie dürfen jedoch, soweit sie zur Finanzierung der Herstellung dienen und auf den Zeitraum der Herstellung entfallen, als **„Bewertungshilfe"** in die Herstellungskosten einbezogen werden (§ 255 Abs. 3 Satz 2 HGB; R 33 Abs. 4 Satz 1 EStR).

49. Was sind beispielsweise Material- und Fertigungsgemeinkosten?

Material- und Fertigungsgemeinkosten sind u.a. Aufwendungen für folgende Kostenstellen:

- Lagerhaltung, Transport und Prüfung des Fertigungsmaterials,
- Vorbereitung und Kontrolle der Fertigung,
- Werkzeuglager,
- Betriebsleitung, Raumkosten, Sachversicherungen,
- Unfallstation und Unfallverhütungseinrichtungen der Fertigungsstätten,
- Lohnbüro, soweit in ihm die Löhne und Gehälter der in der Fertigung tätigen Arbeitnehmer abgerechnet werden (R 33 Abs. 2 EStR).

Fertigungsgemeinkosten sind auch die Aufwendungen für **Hilfsstoffe**, die in die **Fertigerzeugnisse eingehen**, ohne aber deren Hauptbestandteil zu werden (Schrauben, Nägel, Farben) sowie **Betriebsstoffe** (Heizstoffe, Schmierstoffe).

50. Was sind beispielsweise Kosten der allgemeinen Verwaltung?

Kosten der allgemeinen Verwaltung sind beispielsweise Aufwendungen für

- Geschäftsleitung,
- Einkauf und Wareneingang,
- Betriebsrat,
- Personalbüro,
- Nachrichtenwesen,
- Ausbildungswesen,

- Rechnungswesen (z.B. Buchführung, Betriebsabrechnung, Statistik und Kalkulation),
- Betriebsfeuerwehr,
- Werkschutz sowie
- allgemeine Fürsorge einschließlich Betriebskrankenkasse (R 33 Abs. 4 Satz 2 EStR).

51. Welche Bedeutung hat die Beschäftigungsabhängigkeit der Kosten (Einteilung der Kosten in fixe und variable Kosten) für die Ermittlung der Herstellungskosten?

Auf die Beschäftigungsabhängigkeit der Kosten kommt es nicht an. Entscheidend ist vielmehr, ob ein bestimmter Aufwand der Herstellung eines Vermögensgegenstandes zeitlich und sachlich zugeordnet werden kann. Für die Bestimmung der handelsrechtlichen Wertober- und Untergrenze ist hierbei die Abgrenzung von Einzel- und Gemeinkosten, also die Frage der direkten oder indirekten Zurechenbarkeit zum Kostenträger von Bedeutung.

52. Enthält das Steuerrecht eine Kodifizierung des Herstellungskostenbegriffs?

Das **Steuerrecht** enthält **keine explizite Kodifizierung** des Herstellungskostenbegriffs. Steuerlich gilt der Herstellungskostenbegriff des § 255 Abs. 2 HGB mit den in R 33 EStR enthaltenen Modifikationen.

53. Ist der handels- und steuerrechtliche Umfang der einbeziehbaren, einbeziehungspflichtigen und einbeziehungsverbotenen Herstellungskostenbestandteile identisch?

Nein. Angemessene Teile der notwendigem Material- und Fertigungsgemeinkosten, für welche **handelsrechtlich** ein Aktivierungs**wahlrecht** besteht, **müssen steuerrechtlich in die Herstellungskosten** einbezogen werden (R 33 Abs. 1 Satz 1 EStR).

54. Wie ist der Wertverzehr des Anlagevermögens bei der Ermittlung der Herstellungskosten zu behandeln?

Nach R 33 Abs. 1 Satz 1 EStR **muss** der auf den Zeitraum der Herstellung entfallende Wertverzehrs des Anlagevermögens, soweit dieser durch die Fertigung veranlasst ist, eingerechnet werden. Handelsrechtlich besteht hingegen ein Wahlrecht (§ 255 Abs. 2 Satz 3 und 5 HGB).

55. Welcher Betrag ist als Wertverzehr des Anlagevermögens anzusetzen?

Als Wertverzehr des Anlagevermögens ist grundsätzlich der Betrag anzusetzen, der bei der Bilanzierung des Anlagevermögens als lineare oder degressive AfA berücksichtigt wird (R 33 Abs. 2 Satz 1 EStR).

56. Ein Unternehmen schreibt die abnutzbaren Wirtschaftsgüter des Anlagevermögens nach § 7 Abs. 2 EStG geometrisch-degressiv ab. Darf bei der Ermittlung der Herstellungskosten die lineare AfA-Methode nach § 7 Abs. 1 EStG zugrunde gelegt werden?

Nach R 33 Abs. 2 Satz 2 EStR darf bei der Ermittlung der Herstellungskosten die **lineare** AfA-Methode zugrunde gelegt werden.

57. Dürfen Bewertungsfreiheiten, Sonderabschreibungen, erhöhte Abschreibungen sowie Teilwertabschreibungen bei der Ermittlung der Herstellungskosten berücksichtigt werden?

Bewertungsfreiheiten, Sonderabschreibungen, erhöhte Abschreibungen sowie Teilwertabschreibungen dürfen bei der Ermittlung der Herstellungskosten **nicht** berücksichtigt werden (R 33 Abs. 1 Sätze 4 und 5 EStR).

58. Wie sind Steuern im Rahmen der Ermittlung der steuerlichen Herstellungskosten zu behandeln?

Die Steuern vom **Einkommen** gehören nicht zu den steuerlich abziehbaren Betriebsausgaben und damit auch nicht zu den Herstellungskosten (R 33 Abs. 5 Satz 1 EStR). Hinsichtlich der **Gewerbeertragsteuer** besteht jedoch ein Einbeziehungswahlrecht (R 33 Abs. 5 Satz 2 EStR). Die **Umsatzsteuer** gehört zu den Vertriebskosten (R 33 Abs. 5 Satz 3 EStR).

59. Gehören Geldbeschaffungskosten zu den Herstellungskosten?

Geldbeschaffungskosten gehören **nicht** zu den Herstellungskosten (H 33 „Geldbeschaffungskosten“ EStH).

60. Ein Betrieb wird infolge mangelnder Aufträge nicht voll ausgelastet. Sind die dadurch verursachten Kosten bei der Berechnung der Herstellungskosten zu berücksichtigen?

Wird ein Betrieb infolge mangelnder Aufträge nicht voll ausgelastet, so sind die dadurch verursachten Kosten bei der Berechnung der Herstellungskosten **nicht** zu berücksichtigen (R 33 Abs. 6 Satz 1 EStR).

61. Gehören Verpackungskosten zu den Herstellungskosten?

Von den Verpackungskosten eines hergestellten Produkts gehört nur die sog. **Innenverpackung**, die der Verkaufsreifmachung dient, zu den Herstellungskosten (z.B. Tuben für Creme, Flaschen für Getränke einschließlich Abfüllkosten). Nicht zu den Herstellungskosten rechnen die Aufwendungen für die sog. **Außenverpackung**, die zu den Vertriebskosten gehören (z.B. Schachteln für Schuhe, Folien für Bücher, Plastikhüllen für Textilien).

62. Welche Bedeutung hat ein handelsrechtliches Bewertungswahlrecht für die steuerrechtliche Ermittlung der Herstellungskosten?

Ein handelsrechtliches Bewertungswahlrecht führt steuerrechtlich zum Ansatz des höchsten nach Handels- und Steuerrecht zulässigen Werts, soweit nicht auch steuerrechtlich ein inhaltsgleiches Wahlrecht besteht (H 33 „Bewertungswahlrecht“ EStH).

63. Rechnen kalkulatorische Kosten zu den handels- und steuerrechtlichen Herstellungskosten?

Kalkulatorische Kosten rechnen **nicht** zu den handels- und steuerrechtlichen Herstellungskosten, da diese Kosten nicht tatsächlich entstanden sind (H 33 „Kalkulatorische Kosten“ EStH).

64. Welche Übersicht ergibt sich bei einer Gegenüberstellung der handelsrechtlichen und steuerrechtlichen Herstellungskosten unter Berücksichtigung der Pflicht- und Wahlbestandteile sowie der Ansatzverbote?

Bei einer derartigen Gegenüberstellung ergibt sich folgende Übersicht:

Art der Aufwendungen	Handelsbilanz	Steuerbilanz
Materialeinzelkosten	Pflicht	Pflicht
+ Fertigungseinzelkosten	Pflicht	Pflicht
+ Sondereinzelkosten der Fertigung	Pflicht	Pflicht
+ notwendige Materialeinzelkosten	Wahlrecht	Pflicht
+ notwendige Fertigungsgemeinkosten	Wahlrecht	Pflicht
+ Wertverzehr des Anlagevermögens, das der Fertigung dient	Wahlrecht	Pflicht
+ Kosten der allgemeinen Verwaltung	Wahlrecht	Wahlrecht
+ Aufwendungen für soziale Einrichtungen	Wahlrecht	Wahlrecht
+ Aufwendungen für freiwillige soziale Leistungen	Wahlrecht	Wahlrecht
+ Aufwendungen für betriebliche Altersversorgung	Wahlrecht	Wahlrecht
+ bestimmte Fremdkapitalzinsen	Wahlrecht	Wahlrecht
= Obergrenze der Herstellungskosten		
Vertriebskosten	Verbot	Verbot

65. Wann liegt Erhaltungsaufwand vor?

Erhaltungsaufwand liegt vor, wenn für einen **vorhandenen Gegenstand** Aufwendungen anfallen, die zu keiner Substanzvermehrung und zu keiner wesentlichen Veränderung oder erheblichen Verbesserung eines Gegenstandes führen (R 157 Abs. 1 EStR). Erhaltungsaufwand entsteht bei üblicherweise anfallenden Instandhaltungen und Instandsetzungen. Dies gilt auch dann, wenn die ausgewechselten Teile einem höheren Standard entsprechen.

66. Wann liegt Herstellungsaufwand vor?

Herstellungsaufwand entsteht bei der Schaffung von etwas Neuem, bisher nicht Vorhandenem. Nach R 157 Abs. 3 Satz 1 EStR liegt Herstellungsaufwand vor, wenn ein Wirtschaftsgut wesentlich in seiner Substanz vermehrt, in seinem Wesen erheblich verändert oder über seinen bisherigen Zustand hinaus deutlich verbessert wird.

67. Worin liegt die Bedeutung der Unterscheidung zwischen Erhaltungsaufwand und Herstellungsaufwand?

Erhaltungsaufwand ist **sofort als Betriebsausgabe abziehbar**. Herstellungsaufwand ist zu **aktivieren** und mit Hilfe der AfA einheitlich mit dem Restbuchwert auf die betriebsgewöhnliche Nutzungsdauer zu verteilen.

68. Welche Vereinfachungsregel besteht in Bezug auf die Abgrenzung von Erhaltungs- und Herstellungsaufwand bei Gebäuden?

Betragen die Aufwendungen nach Fertigstellung eines Gebäudes für die einzelne Baumaßnahme nicht mehr als **2.100 €** (Rechnungsbetrag ohne Umsatzsteuer) je Gebäude, so ist auf Antrag dieser Aufwand aus Vereinfachungsgründen stets als Erhaltungsaufwand zu behandeln (R 157 Abs. 3 Satz 2 EStR).

69. Wann liegt bei einem Gebäude anschaffungsnaher Herstellungsaufwand vor?

Anschaffungsnaher Herstellungsaufwand und damit **Herstellungskosten** können als Folge einer über den ursprünglichen Zustand hinausgehenden wesentlichen Verbesserung vorliegen, wenn in zeitlicher Nähe zur Anschaffung - in der Regel innerhalb von **drei Jahren** – im Verhältnis zum Kaufpreis hoher Reparatur- oder Modernisierungsaufwand anfallen (R 157 Abs. 4 Satz 1 EStR).

70. Welche Vereinfachungsregel enthält R 157 Abs. 4 Satz 2 EStR?

Nach R 157 Abs. 4 Satz 2 EStR ist die Frage, ob anschaffungsnaher Herstellungsaufwand vorliegt, für die **ersten drei Jahre** nach Anschaffung des Gebäudes in der Regel nicht zu prüfen, wenn die Aufwendungen für die Instandsetzung (Rechnungsbetrag ohne Umsatzsteuer) in diesem Zeitraum insgesamt **15 v.H.** der Anschaffungskosten des Gebäudes nicht übersteigen.

71. Ein Fahrzeug ist voll abgeschrieben. Stellen die Aufwendungen für einen Austauschmotor oder einen fabrikneuen Motor Erhaltungsaufwand dar?

Aufwendungen für einen Austauschmotor oder einen fabrikneuen Motor sind auch dann **Erhaltungsaufwand**, wenn das Fahrzeug bereits voll abgeschrieben ist, denn es handelt sich lediglich um eine **Substanz erhaltende Erneuerung** eines Bestandteils des Wirtschaftsguts.

72. Stellen folgende Kosten Herstellungskosten dar?
a) Forschungs- und Entwicklungskosten (Grundlagenforschung),
b) Abfüllkosten einer Brauerei,
c) Biersteuer,
d) eigene Arbeitsleistung des Einzelunternehmers.

a) Forschungs- und Entwicklungskosten im Bereich der Grundlagenforschung sind **keine** Herstellungskosten. Sie sind nicht für die Herstellung der am Bilanzstichtag vorhandenen Erzeugnisse aufgewendet worden.

b) Abfüllkosten einer Brauerei sind **aktivierungspflichtige Herstellungskosten** des Fassbiers oder Flaschenbiers.

c) Die Biersteuer gehört **nicht** zu den Herstellungskosten. Sie entsteht nicht mit der Fertigstellung des Bieres, sondern nach § 2 Abs. 1 BierStG dadurch, dass das Bier aus der Brauerei entfernt wird.

d) Die eigene Arbeitsleitung eines Einzelunternehmers gehört **nicht** zu den Herstellungskosten. Es fehlt der Tatbestand der Aufwendungen.

73. Gehören folgende Aufwendungen zu den Herstellungskosten eines Gebäudes?

a) Planungsaufwand,

b) vergebliche Aufwendungen zur Herstellung,

c) Schnellbaukosten,

d) Abstandszahlungen an den bisherigen Pächter,

e) Erschließungsbeiträge nach § 127 Baugesetzbuch (früher Anliegerbeiträge),

f) Anliegerbeitrag der Gemeinde zur nachhaltigen Verbesserung der Ortsstraße,

g) Mehrkosten für den verstärkten Ausbau einer Straße, die von einem Unternehmen wegen der Nutzung durch betriebliche Fahrzeuge übernommen werden,

h) Anschlusskosten: Kanalanschlussgebühr sowie Kosten für den Anschluss von Zuleitungen vom Betriebsgebäude zum öffentlichen Kanal, Kosten des Anschlusses an das Stromversorgungs- und Gasnetz,

i) Baumängelbeseitigung,

j) Prozesskosten,

k) Erdarbeiten.

a) Die Kosten der Planung eines Gebäudes gehören zu den Herstellungskosten des Gebäudes.

b) Vergebliche Aufwendungen zur Herstellung eines Gebäudes gehören zu den Herstellungskosten eines Gebäudes, wenn das neue Gebäude die gleiche Zweckbestimmung hat. Handelt es sich hingegen bei dem ursprünglich geplanten und dem aufgrund der neuen Planung errichteten Gebäude um zwei nach Zweck und Bauart völlig verschiedene Bauwerke und dient die erste Planung in keiner Weise der Errichtung des neuen Gebäudes, gehören die

Kosten der nicht verwirklichten Planung nicht zu den Herstellungskosten des neu errichteten Gebäudes.

c) Schnellbaukosten entstehen in erster Linie bei Warenhäusern, um zu einem bestimmten Zeitpunkt das Gebäude benutzen zu können. Sie sind aktivierungspflichtige Herstellungskosten.

d) Abstandszahlungen, die zum Zwecke der Bebauung an den bisherigen Pächter gezahlt werden, gehören zu den Herstellungskosten des Gebäudes.

e) Erschließungsbeiträge nach § 127 Baugesetzbuch (früher Anliegerbeiträge) rechnen zu den **Anschaffungskosten des Grund und Bodens** und nicht zu den Herstellungskosten des Gebäudes.

f) Der Anliegerbeitrag der Gemeinde zur Verbesserung einer Ortsstraße gehört zu den Anschaffungskosten für den Grund und Boden.

g) Mehrkosten für den verstärkten Ausbau einer Straße wegen der Nutzung durch betriebliche Fahrzeuge des Unternehmens sind sofort abzugsfähige Betriebsausgaben.

h) Die an die Gemeinde zu zahlende Kanalanschlussgebühr rechnet zu den Anschaffungskosten für den Grund und Boden. Die Kosten der Zuleitungsanlagen vom Betriebsgebäude zum öffentlichen Kanal und Kosten des Anschlusses an das Stromversorgungs- und Gasnetz sind Herstellungskosten des Gebäudes.

i) Aufwendungen für die Beseitigung von Baumängeln, die bereits bei der Herstellung des Gebäudes aufgetreten sind, aber erst nach dessen Fertigstellung behoben werden, sind Herstellungskosten des Gebäudes.

j) Prozesskosten teilen als Folgekosten die einkommensteuerliche Qualifikation der Aufwendungen, die Gegenstand des Prozesses waren.

k) Aufwendungen für Erdarbeiten, die beim Bau eines Gebäudes anfallen, gehören zu den Herstellungskosten.

6.4 Teilwert

74. Was ist unter dem Teilwert zu verstehen?

Der **Teilwert** ist in § 6 Abs. 1 Nr. 1 Satz 3 EStG und in § 10 Satz 2 BewG definiert. Danach ist der Teilwert „der Betrag, den ein Erwerber des ganzen Betriebs im Rahmen des Gesamtkaufpreises für das einzelne Wirtschaftsgut ansetzen würde; dabei ist davon auszugehen, dass der Erwerber den Betrieb fortführt".

75. Von welchen Fiktionen geht die Teilwertdefinition aus?

Der Begriff des Teilwerts geht von folgenden Fiktionen aus:

1. Ein fiktiver Käufer ermittelt den Gesamtkaufpreis (Gesamtwert) des Betriebs.
2. Bei der Ermittlung des Gesamtkaufpreises wird von der Fortführung des Betriebs unter Berücksichtigung der zukünftigen Erträge ausgegangen.
3. Der Gesamtkaufpreis wird auf die einzelnen Wirtschaftsgüter verteilt.

76. Welche Bedeutung hat der Teilwert im Bilanzsteuerrecht?

Der Teilwert ist ein **rein steuerlicher Wertbegriff**, der eingeführt worden ist, um den wertbestimmenden Einfluss der Betriebszugehörigkeit eines Wirtschaftsgutes bei der Gewinnermittlung berücksichtigen zu können.
Der Teilwert gilt im Bilanzsteuerrecht dann, wenn er am Bilanzstichtag **aufgrund einer voraussichtlich dauernden Wertminderung** niedriger ist als die fortgeführten Anschaffungs- oder Herstellungskosten des zu bewertenden Wirtschaftsgutes (§ 6 Abs. 1 Nr. 1 Satz 2, Nr. 2 Satz 2 EStG). Der Teilwert findet ferner bei der Bewertung von **Entnahmen und Einlagen** Verwendung (§ 6 Abs. 1 Nr. 4 und 5 EStG).

77. Wie wird der Teilwert in der Praxis ermittelt?

Da die Teilwertdefinition von einem gedachten Erwerber eines Betriebs ausgeht, kann der Teilwert nur im Wege der **Schätzung** nach den Verhältnissen des Einzelfalles ermittelt werden (R 35a Abs. 1 Satz 1 EStR). Zur Ermittlung des niedrigeren Teilwerts bestehen die folgenden von der Rechtsprechung entwickelten **Teilwertvermutungen** (H 35a „Teilwertvermutungen" EStH):

1. Im Zeitpunkt des Erwerbs oder der Fertigstellung eines Wirtschaftsguts entspricht der Teilwert den Anschaffungs- oder Herstellungskosten.

2. Bei nicht abnutzbaren Wirtschaftsgütern des Anlagevermögens entspricht der Teilwert auch zu späteren, dem Zeitpunkt der Anschaffung oder Herstellung nachfolgenden Bewertungsstichtagen den Anschaffungs- oder Herstellungskosten.
3. Bei abnutzbaren Wirtschaftsgütern des Anlagevermögens entspricht der Teilwert zu späteren, dem Zeitpunkt der Anschaffung oder Herstellung nachfolgenden Stichtagen den um die lineare AfA verminderten Anschaffungs- oder Herstellungskosten.
4. Bei Wirtschaftsgütern des Umlaufvermögens entspricht der Teilwert grundsätzlich den Wiederbeschaffungskosten. Der Teilwert von zum Absatz bestimmten Waren hängt jedoch auch von deren voraussichtlichem Veräußerungserlös (Börsen- oder Marktpreis) ab.

78. Wie können die Teilwertvermutungen widerlegt werden?

Die **Widerlegung** von Teilwertvermutungen setzt voraus, dass der Steuerpflichtige konkrete Tatsachen und Umstände darlegt, die den Schluss rechtfertigen, dass der Teilwert nicht einer der Teilwertvermutungen entspricht. Hält sich die Schätzung durch den Betriebsinhaber in diesem Rahmen, ist sie für das Finanzamt bindend. Beispielsweise sind zur Entkräftung der Teilwertvermutungen Aufzeichnungen über tatsächliche Preisherabsetzungen für Waren in vorangegangenen Jahren geeignet (R 35a Sätze 3 - 6 EStR).

79. Bei einem Unternehmen, das Gewinne erzielt, werden die Verkaufspreise für eine Reihe von Produkten bewusst nicht kostendeckend kalkuliert (sog. Verlustprodukte). Ist eine Teilwertabschreibung zulässig?

Bei einem Unternehmen, das Gewinne erzielt, ist eine Teilwertabschreibung bei „bewussten Verlustprodukten“ **nicht** zulässig (H 35a „Verlustprodukte“ EStH).

80. Was versteht man begrifflich unter einer voraussichtlich dauernden Wertminderung?

Eine **voraussichtlich dauernde Wertminderung** bedeutet ein voraussichtlich nachhaltiges Absinken des Werts des Wirtschaftsguts unter den maßgeblichen Buchwert.

81. Unter welcher Voraussetzung ist eine Wertminderung voraussichtlich nachhaltig?

Eine Wertminderung ist **voraussichtlich nachhaltig**, wenn der Steuerpflichtige hiermit aus der Sicht am Bilanzstichtag aufgrund **objektiver Anzeichen** ernsthaft zu rechnen hat. Aus der Sicht des sorgfältigen und gewissenhaften Kaufmanns müssen mehr Gründe für als gegen eine Nachhaltigkeit sprechen.
Grundsätzlich ist von einer voraussichtlich dauernden Wertminderung auszugehen, wenn der Wert des Wirtschaftsguts die **Bewertungsobergrenze** während eines erheblichen Teils der **voraussichtlichen Verweildauer** im Unternehmen nicht erreichen wird.

82. Welche Wertminderungen sind regelmäßig von Dauer?

Wertminderungen aus **besonderem Anlass**, wie z.B. Katastrophen oder technischer Fortschrift, sind regelmäßig von Dauer.

83. Unter welcher Voraussetzung kann für die Wirtschaftsgüter des abnutzbaren Anlagevermögens von einer voraussichtlich dauernden Wertminderung ausgegangen werden?

Für die Wirtschaftsgüter des **abnutzbaren Anlagevermögens** kann von einer voraussichtlich dauernden Wertminderung ausgegangen werden, wenn der Wert des jeweiligen Wirtschaftsguts zum Bilanzstichtag mindestens für die **halbe Restnutzungsdauer** unter dem planmäßigen Restbuchwert liegt.

84. Der Steuerpflichtige S hat eine Maschine zu Anschaffungskosten von 100.000 € erworben. Die Nutzungsdauer beträgt 10 Jahre, die jährliche AfA beträgt 10.000 €. Im Jahr 02 beträgt der Teilwert nur noch 30.000 € bei einer

Restnutzungsdauer von 8 Jahren. Kommt eine Teilwertabschreibung wegen einer voraussichtlich dauernden Wertminderung in Betracht?

Eine Teilwertabschreibung auf 30.000 € ist zulässig. Die Minderung ist voraussichtlich von Dauer, da der Wert des Wirtschaftsguts zum Bilanzstichtag bei planmäßiger Abschreibung erst nach mehr als 5 Jahren, d.h. erst nach mehr als der Hälfte der Restnutzungsdauer, erreicht wird.

85. Der Steuerpflichtige S hat eine Maschine zu Anschaffungskosten von 100.000 € erworben. Die Nutzungsdauer beträgt 10 Jahre, die jährliche AfA beträgt 10.000 €. Im Jahr 02 beträgt der Teilwert nur noch 50.000 € bei einer Restnutzungsdauer von 8 Jahren. Kommt eine Teilwertabschreibung wegen einer voraussichtlich dauernden Wertminderung in Betracht?

Eine Teilwertabschreibung auf 50.000 € ist **nicht** zulässig. Die Minderung ist voraussichtlich nicht von Dauer, da der Wert des Wirtschaftsguts zum Bilanzstichtag bei planmäßiger Abschreibung schon nach 3 Jahren und damit früher als nach mehr als der Hälfte der Restnutzungsdauer erreicht wird.

86. Unter welcher Voraussetzung liegt bei Wirtschaftsgütern des nicht abnutzbaren Anlagevermögens eine voraussichtlich dauernde Wertminderung vor?

Für die Wirtschaftsgüter des nicht abnutzbaren Anlagevermögens ist grundsätzlich darauf abzustellen, ob die Gründe für eine niedrigere Bewertung voraussichtlich anhalten werden. Kursschwankungen von börsennotierten Wirtschaftsgütern des Anlagevermögens stellen eine nur vorübergehende Wertminderung dar. Sie berechtigen dem gemäß nicht zum Ansatz des niedrigeren Teilwerts.

87. Der Steuerpflichtige S ist Eigentümer eines mit Altlasten verseuchten Grundstücks. Die ursprünglichen Anschaffungskosten des Grund und Bodens betragen 200.000 €. Zum Bilanzstichtag ermittelt ein Gutachter den Wert des Grundstücks aufgrund der festgestellten Altlast mit nur noch 10.000 €. Aus umweltrechtlichen Gründen ist der Steuerpflichtige grundsätzlich verpflichtet, die Altlast zu beseitigen. Mangels akuter Umweltgefährdung wird die zuständi-

ge Behörde die Schadensbeseitigung jedoch erst fordern, wenn der Steuerpflichtige die derzeitige Nutzung des Grundstücks ändert. Die Bildung einer Rückstellung ist aus diesem Grund nicht zulässig. Kommt eine Teilwertabschreibung wegen einer voraussichtlich dauernden Wertminderung in Betracht?

Eine Teilwertabschreibung in Höhe von 190.000 € auf den vom Gutachter ermittelten Wert ist **zulässig**. Zwar ist der Steuerpflichtige grundsätzlich verpflichtet, die Altlast zu beseitigen. Allerdings ist vor dem Hintergrund einer eventuellen Nutzungsänderung des Grundstücks nicht zu erwarten, dass der Steuerpflichtige in absehbarer Zeit behördlich zur Beseitigung des Schadens aufgefordert wird. Aus der Sicht am Bilanzstichtag ist daher von einer voraussichtlich dauernden Wertminderung des Grundstücks auszugehen. Wird die Altlast später beseitigt und erhöht sich dementsprechend der Wert des Grundstücks, ist eine **Zuschreibung**, bis höchstens zu den ursprünglichen Anschaffungskosten vorzunehmen.

88. Der Steuerpflichtige S betreibt ein Kiesausbeuteunternehmen. Der zu dem Unternehmen gehörige Grund und Boden ist z. T. aufgeschlossen, z. T. rekultiviert und wieder der ursprünglichen landwirtschaftlichen Nutzung zugeführt. Da die Preise für landwirtschaftliche Grundstücke allgemein gefallen sind, macht der Steuerpflichtige zum Bilanzstichtag eine Teilwertabschreibung für die Grundstücke geltend. Nach den Feststellungen des Finanzamtes liegen die Richtwerte für die verfüllten Grundstücke indes höher als die Anschaffungskosten. Ist eine Teilwertabschreibung wegen einer voraussichtlich dauernden Wertminderung zulässig?

Eine Teilwertabschreibung ist **nicht** zulässig. Die Preise auf dem Markt für landwirtschaftliche Grundstücke unterliegen ebenso wie die anderen Immobilienpreise marktbedingten Schwankungen. Die Preisschwankungen stellen deshalb eine **nur vorübergehende Wertminderung** dar. Die Preise für die verfüllten Grundstücke liegen am Bilanzstichtag sogar höher als die Anschaffungskosten. Aus diesem Grund ist es auch für die Grundstücke, auf denen noch die Kiesausbeute betrieben wird, nicht ausgeschlossen, dass die Preise bis zu dem Zeitpunkt, an dem die Kiesausbeute und die sich daran anschließende Wiederauffüllung abgeschlossen sein werden, die Anschaffungskosten wieder erreichen oder sogar noch übersteigen.

89. Der Steuerpflichtige S hat festverzinsliche Wertpapiere mit einer Restlaufzeit von 4 Jahren, die dazu bestimmt sind, dauernd dem Geschäftsbetrieb zu dienen, zum Wert von 102 % erworben. Die Papiere werden bei Fälligkeit zu 100 % eingelöst. Aufgrund einer nachhaltigen Änderung des Zinsniveaus unterschreitet der Börsenkurs den Einlösebetrag zum Bilanzstichtag auf Dauer und beträgt zum Bilanzstichtag nur noch 98 %. Ist eine Teilwertabschreibung zulässig?

Eine Teilwertabschreibung ist nur auf 100 % zulässig, weil die Papiere bei Fälligkeit zum Nennwert eingelöst werden. Der niedrigere Börsenkurs am Bilanzstichtag ist nicht von Dauer.

90. Der Steuerpflichtige S hat Aktien der X-AG zum Preis von 100 €/Stück erworben. Die Aktien sind als langfristige Kapitalanlage dazu bestimmt, dauernd dem Geschäftsbetrieb zu dienen. Der Kurs der Aktien schwankt nach der Anschaffung zwischen 70 und 100 €. Am Bilanzstichtag beträgt der Börsenpreis 90 €. Ist eine Teilwertabschreibung zulässig?

Eine Teilwertabschreibung ist **nicht** zulässig. Der durch die Kursschwankung verursachte niedrigere Börsenpreis am Bilanzstichtag stellt eine nur **vorübergehende Wertminderung** dar.

91. Die X-AG gerät im Laufe des Wirtschaftsjahres unerwartet in Zahlungsschwierigkeiten und es droht ein Insolvenzverfahren. Der Aktienkurs bricht daraufhin auf 20 € ein. Nachfolgend wird ein Sanierungsplan für die Gesellschaft erstellt. Im Zusammenhang damit erhält die Gesellschaft einen Liquiditätskredit. Daraufhin erholt sich der Aktienkurs auf 40 € und schwankt bis zum Bilanzstichtag zwischen 35 und 40 €. Am Bilanzstichtag beträgt der Kurs 38 €. Ist eine Teilwertabschreibung zulässig?

Der durch die plötzliche Zahlungsnot verursachte Kurseinbruch stellt eine Wertminderung aus besonderem Anlass und keine bloße Kursschwankung dar. Aus diesem Grund ist eine Teilwertabschreibung zulässig, für deren Höhe auch die Kurserholung zu berücksichtigen ist. Die Aktien können hiernach mit 40 €/Stück angesetzt werden. Der demgegenüber niedrigere Börsenpreis am Bilanzstichtag folgt aus einer Kursschwankung und stellt insoweit eine nur vorübergehende Wertminderung dar.

92. Unter welcher Voraussetzung liegt beim Umlaufvermögen eine voraussichtlich dauernde Wertminderung vor?

Die Wirtschaftsgüter des Umlaufvermögens sind nicht dazu bestimmt, dem Betrieb auf Dauer zu dienen. Sie werden stattdessen regelmäßig für den Verkauf oder den Verbrauch gehalten. Dem gemäß kommt dem Zeitpunkt der Veräußerung oder Verwendung für die Bestimmung einer voraussichtlich dauernden Wertminderung eine besondere Bedeutung zu. Hält die Minderung bis zum **Zeitpunkt** der **Aufstellung der Bilanz** oder dem **vorangegangenen Verkaufs- oder Verbrauchszeitpunkt** an, so ist die Wertminderung voraussichtlich von Dauer. Zusätzliche Erkenntnisse bis zu diesen Zeitpunkten sind zu berücksichtigen. Allgemeine Marktentwicklungen, z.B. Kursschwankungen von börsennotierten Wirtschaftsgütern des Umlaufvermögens, sind zusätzliche Erkenntnisse und als solche in die Beurteilung einer voraussichtlich dauernden Wertminderung der Wirtschaftsgüter zum Bilanzstichtag einzubeziehen.

93. Der Steuerpflichtige S hält festverzinsliche Wertpapiere, die bei Fälligkeit zu 100 % eingelöst werden. Aufgrund einer Änderung des Zinsniveaus beträgt der Börsenkurs am Bilanzstichtag nur noch 98 % gegenüber dem Nennwert. Bis zum Zeitpunkt der Bilanzaufstellung hat sich der Börsenkurs auf 98,5 % erholt. Kommt eine Teilwertabschreibung in Betracht?

Grundsätzlich ist eine Teilwertabschreibung zum Bilanzstichtag zulässig. Allerdings sind die zusätzlichen Erkenntnisse bis zur Bilanzaufstellung zu berücksichtigen. Danach können die Wertpapiere mit einem Kurswert von 98,5 % des Nennwerts angesetzt werden.

94. Der Steuerpflichtige S hat Aktien zum Preis von 100 €/Stück erworben. Zum Bilanzstichtag ist der Börsenpreis der Aktien auf 80 €/Stück gesunken. Bis zum Zeitpunkt der Bilanzaufstellung hat der Börsenkurs zwischen 70 und 90 € geschwankt. Ist eine Teilwertabschreibung zulässig?

Grundsätzlich ist eine Teilwertabschreibung zum Bilanzstichtag zulässig. Die Erkenntnisse bis zum Zeitpunkt der Bilanzaufstellung haben jedoch gezeigt, dass die ursprüngliche Wertminderung in Höhe von 20 €/Stück nicht von Dauer war. Vielmehr ist eine voraussichtlich dauernde Wertminderung nur in Höhe von 10 €/Stück gegeben, so dass eine Teilwertabschreibung nur in dieser Höhe vorgenommen werden kann. Die Aktien können dem gemäß mit 90 €/Stück angesetzt werden.

95. Der Steuerpflichtige S hat Aktien zum Preis von 100 €/Stück erworben. Zum Bilanzstichtag ist der Börsenpreis der Aktien auf 80 €/Stück gesunken. Bis zum Zeitpunkt der Bilanzaufstellung hat der Börsenkurs zwischen 70 und 110 € geschwankt. Ist eine Teilwertabschreibung zulässig?

Die Erkenntnisse bis zum Zeitpunkt der Bilanzaufstellung haben gezeigt, dass die ursprüngliche Wertminderung in Höhe von 20 €/Stück nicht von Dauer war. Vielmehr hat der Wert der Aktie bis zur Bilanzaufstellung die ursprünglichen Anschaffungskosten sogar noch überstiegen. Eine Teilwertabschreibung zum Bilanzstichtag ist daher nicht zulässig.

96. Der Steuerpflichtige S hat Aktien zum Preis von 100 €/Stück erworben. Zum Bilanzstichtag ist der Börsenpreis der Aktien auf 80 €/Stück gesunken. Bis zum Zeitpunkt der Bilanzaufstellung hat der Börsenkurs zwischen 60 und 80 € geschwankt. Ist eine Teilwertabschreibung zulässig?

Eine Teilwertabschreibung zum Bilanzstichtag ist zulässig. Die Erkenntnisse bis zum Zeitpunkt der Bilanzaufstellung haben gezeigt, dass die ursprüngliche Wertminderung in Höhe von 20 €/Stück von Dauer war. Aus diesem Grund kann eine Teilwertabschreibung in Höhe von 20 €/Stück vorgenommen werden. Eine Teilwertabschreibung unter den Wert des Bilanzstichtags kommt allerdings nicht in Betracht. Die Aktien können somit mit 80 €/Stück angesetzt werden.

97. Der Steuerpflichtige hat eine Forderung aus einem Kredit im Nennwert von 100 an die Y-KG. Wegen unerwarteter Zahlungsausfälle ist die Y-KG im Laufe des Wirtschaftsjahrs notleidend geworden. Am Bilanzstichtag kann die

Forderung des Steuerpflichtigen deshalb nur in Höhe von 20 % bedient werden. Bis zum Zeitpunkt der Bilanzaufstellung stellt die Y-KG wider Erwarten eine Sicherheit in Höhe von 30 % der Forderung. Ist eine Teilwertabschreibung zulässig?

Am Bilanzstichtag ist eine Teilwertabschreibung auf die Forderung des Steuerpflichtigen in Höhe von 80 % zulässig, da mit überwiegender Wahrscheinlichkeit nur mit einem Zahlungseingang von 20 % gerechnet werden kann. Zwar gewinnt die Forderung bis zum Zeitpunkt der Bilanzaufstellung durch die Gestellung der Sicherheit nachträglich an Wert. Ein unerwartetes Ereignis dieser Art ist jedoch keine zusätzliche Erkenntnis, die die Teilwertabschreibung verhindert.

98. Der Wert eines Wirtschaftsguts hat sich nach einer vorangegangenen Teilwertabschreibung wieder erhöht. Besteht in diesem Fall ein Wertbeibehaltungswahlrecht oder ein Wertaufholungsgebot?

Hat sich der Wert eines Wirtschaftsguts nach einer vorangegangenen Teilwertabschreibung wieder erhöht, so ist diese Betriebsvermögensmehrung bis zum Erreichen der Bewertungsobergrenze steuerlich zu erfassen. Es besteht ein **Wertaufholungsgebot** (§ 6 Abs. 1 Nr. 1 Satz 4 und Nr. 2 Satz 3 EStG). Dabei kommt es nicht darauf an, ob die konkreten Gründe für die vorherige Teilwertabschreibung weggefallen sind. Auch eine Erhöhung des Teilwerts aus anderen Gründen führt zu einer Korrektur des Bilanzansatzes. Gleiches gilt auch, wenn die vorherige Teilwertabschreibung steuerlich nicht oder nicht vollständig wirksam wurde.

99. Hat der Steuerpflichtige die Bewertungsobergrenze nachzuweisen?

Grundsätzlich hat der Steuerpflichtige die Bewertungsobergrenze anhand geeigneter Unterlagen (historische Anschaffungs- oder Herstellungskosten) nachzuweisen. Können die historischen Anschaffungs- oder Herstellungskosten nicht nachgewiesen werden, gilt der Buchwert, der in der ältesten noch vorhandenen Bilanz als Anfangswert für das Wirtschaftsgut ausgewiesen ist, als Bewertungsobergrenze, es sei denn, die Finanzbehörde legt – zum Beispiel aufgrund der dort vorhandenen Unterlagen - eine höhere Bewertungsobergrenze dar.

6.5 Abschreibung

100. Wie werden die Wirtschaftsgüter des abnutzbaren Anlagevermögens bewertet?

Die Wirtschaftsgüter des abnutzbaren Anlagevermögens sind mit den Anschaffungs- oder Herstellungskosten oder dem an deren Stelle tretenden Wert, **vermindert** um die Absetzungen für Abnutzung, erhöhte Absetzungen, Sonderabschreibungen, Abzüge nach § 6b EStG und ähnliche Abzüge, anzusetzen (§ 6 Abs. 1 Nr. 1 Satz 1 EStG).

101. Welche Bedeutung hat § 6 Abs. 1 Nr. 1 Satz 1 EStG für die Teilwertabschreibung?

Der Gesetzgeber trifft mit der Vorschrift des § 6 Abs. 1 Nr. 1 Satz 1 EStG eindeutige Aussagen über die Ermittlung und den Ansatz des **Buchwerts**. Erst wenn der Buchwert im Sinne dieser Vorschrift unterschritten wird, stellt sich die Frage nach der Teilwertabschreibung.

102. Welcher Wert kann an die Stelle der Anschaffungs- oder Herstellungskosten treten?

An die Stelle der Anschaffungs- oder Herstellungskosten kann der Einlagewert oder der Wert anlässlich einer Betriebseröffnung oder einer Neubewertung[1] treten.

103. Dürfen die ursprünglichen Anschaffungs- oder Herstellungskosten überschritten werden?

Die ursprünglichen Anschaffungs- oder Herstellungskosten dürfen **nicht** überschritten werden (Anschaffungskostenprinzip).

[1] Z.B. anlässlich der Währungsreform 1948 oder der Wiedervereinigung 1990.

104. Können die handelsrechtlichen Abschreibungen stets in vollem Umfange in die Steuerbilanz übernommen werden?

Die handelsrechtlichen Abschreibungen können **nicht** stets in vollem Umfange in die Steuerbilanz übernommen werden. Hinsichtlich der **AfA/AfS** sind **steuerliche Begrenzungen** zu beachten. **Unterschiede** zwischen **Handels- und Steuerbilanz** können sich z.B. dann ergeben, wenn in der Handelsbilanz die nach § 7 Abs. 2 EStG zugelassenen Degressionssätze überschritten werden.

105. Welche begrifflichen Unterscheidungen werden hinsichtlich der Abschreibungen in der Handels- und Steuerbilanz getroffen?

Hinsichtlich der **Abschreibungen** ist **handelsrechtlich** zwischen **planmäßigen** (§ 253 Abs. 2 Satz 1 HGB) und **außerplanmäßigen Abschreibungen** (§§ 253 Abs. 2 – 4, 254, 279 Abs. 1 HGB) zu unterscheiden.
Steuerrechtlich wird zwischen **Absetzung für Abnutzung** (§ 7 Abs. 1 – 5a EStG), **Absetzung für Substanzverringerung** (§ 7 Abs. 6 EStG), **Absetzung für außergewöhnliche technische oder wirtschaftliche Abnutzung** (§ 7 Abs. 1 Satz 6 EStG), **Teilwertabschreibung** (§ 6 Abs. 1 EStG) sowie **Sonderabschreibungen** (z.B. § 7g EStG), **erhöhten Absetzungen für Abnutzung** (z.B. § 7c EStG) und **Bewertungsabschlägen** (z.B. § 6b EStG) unterschieden.

Abschreibungsarten nach Rechtsgrundlagen	
Handelsrecht	Steuerrecht
planmäßige Abschreibung (§ 253 Abs. 2 HGB)	– Absetzung für Abnutzung (§ 7 Abs. 1 – 5a EStG) – Absetzung für Substanzverringerung (§ 7 Abs. 6 EStG)
außerplanmäßige Abschreibung (§ 253 Abs. 2 Satz 3 und Abs. 3 Satz 1 HGB)	– Absetzung für außergewöhnliche technische oder wirtschaftliche Abnutzung (§ 7 Abs. 1 Satz 6 EStG) – Teilwertabschreibung (6 Abs. 1 Nr. 1 Satz 2 und Nr. 2 Satz 3 EStG)
außerplanmäßige Abschreibungen gem. § 254 HGB (steuerrechtliche Abschreibungen)	– Sonderabschreibungen (z.B. § 7g EStG) und erhöhte Absetzungen (z.B. § 7c EStG) – Bewertungsabschläge (z.B. § 6b EStG)

106. Kann auf die Vornahme der planmäßigen Abschreibung nach Handelsrecht bzw. auf die Vornahme der planmäßigen Absetzung für Abnutzung nach Steuerrecht verzichtet werden?

Auf die Vornahme der planmäßigen Abschreibung nach Handelsrecht bzw. auf die Vornahme der planmäßigen Absetzung für Abnutzung nach Steuerrecht kann **nicht verzichtet** werden. Die planmäßige Abschreibung bzw. die planmäßige AfA **ist zwingend** vorzunehmen (§ 253 Abs. 2 Satz 1 HGB; § 7 Abs. 1 Satz 1 EStG).

107. Welche Mindest-AfA ist steuerlich vorzunehmen?

Als **Mindest-AfA** ist die **lineare AfA** vorzunehmen (§§ 7 Abs. 1 Satz 1; 7 Abs. 4 EStG).

108. Wie ist bei irrtümlich unterbliebener AfA zu verfahren?

Irrtümlich unterbliebene AfA **darf** nachgeholt werden. Die Nachholung hat zur Folge, dass die noch nicht abgesetzten Anschaffungs- oder Herstellungskosten entsprechend der **jeweils angewandten AfA-Methode** auf die **Restnutzungsdauer verteilt** werden (R 44 Abs. 10 EStR).

109. Darf unterlassene AfA zwecks Errechung von Steuervorteilen nachgeholt werden?

Unterlassene AfA zwecks Erreichung von Steuervorteilen darf **nicht nachgeholt** werden. Die **unterlassene AfA fällt steuerlich endgültig aus** (H 44 „Unterlassene oder erhöhte AfA“ EStH). Die unterlassene AfA ist unter Durchbrechung des Bilanzenzusammenhangs **erfolgsneutral** vom Buchwert abzusetzen. Die Anfangsbilanz des ersten noch berichtigungsfähigen Wirtschaftsjahres ist entsprechend zu korrigieren.

110. Bei welchen Wirtschaftsgütern ist AfA nach § 7 EStG vorzunehmen?

Nach § 7 Abs. 1 Satz 1 EStG ist bei denjenigen Wirtschaftsgütern AfA vorzunehmen, deren Nutzung oder Verwendung sich erfahrungsgemäß auf einen **Zeitraum** von **mehr als einem Jahr** erstreckt.

111. Was ist Bemessungsgrundlage der AfA?

AfA-Bemessungsgrundlage sind grundsätzlich die **Anschaffungs- oder Herstellungskosten** (§ 7 Abs. 1 Satz 1 EStG, R 43 EStR).

112. Was ist AfA-Bemessungsgrundlage bei einem unentgeltlichen Erwerb?

Bei einem **unentgeltlichen Erwerb** ist zu unterscheiden zwischen einem unentgeltlichen Erwerb eines **ganzen Betriebs** und dem unentgeltlichen Erwerb **einzelner Wirtschaftsgüter**. Im ersten Fall sind nach § 6 Abs. 3 EStG die Buchwerte fortzuführen (Fußstapfentheorie), im zweiten Fall ist der gemeine Wert als Anschaffungskosten anzusetzen (§ 6 Abs. 4 EStG).

113. Ab welchem Zeitpunkt ist AfA vorzunehmen?

Die AfA ist vorzunehmen, **sobald das Wirtschaftsgut angeschafft oder hergestellt ist** (R 44 Abs. 1 Satz 1 EStR). Ein Wirtschaftsgut ist im **Zeitpunkt der Lieferung** angeschafft (§ 9a EStDV, R 44 Abs. 1 Satz 2 EStR).
Die **Ingebrauchnahme** des Wirtschaftsgutes ist **nicht** Voraussetzung für die AfA. Für den Beginn der AfA ist es unmaßgeblich, ob das Wirtschaftsgut bereits bezahlt ist.

114. Wie ist die AfA im Jahr der Anschaffung oder Herstellung vorzunehmen?

Die AfA darf im Jahr der Anschaffung oder Herstellung grundsätzlich nur **zeitanteilig** vorgenommen werden (R 44 Abs. 2 Satz 1 EStR).

115. Ein abnutzbares bewegliches Wirtschaftsgut wurde am letzten Tag eines Monats angeschafft. Darf die AfA für den Monat der Anschaffung dennoch für den ganzen Monat vorgenommen werden?

Es ist zulässig, den Monat der Anschaffung oder Herstellung voll bei der AfA-Berechnung einzubeziehen, selbst wenn das Wirtschaftsgut am letzten Tag des Monats angeschafft oder hergestellt wird.

116. Für welche Wirtschaftsgüter besteht hinsichtlich der zeitanteiligen AfA eine Vereinfachungsregel?

Für **bewegliche Wirtschaftsgüter des Anlagevermögens** besteht eine **Vereinfachungsregel** (R 44 Abs. 2 Satz 3 EStR). Hiernach kann für die **in der ersten Hälfte** eines Wirtschaftsjahres angeschafften oder hergestellten Wirtschaftsgüter der für das **gesamte Wirtschaftsjahr** in Betracht kommende AfA-Betrag abgesetzt werden. Für die in der **zweiten Hälfte des Wirtschaftsjahres** angeschafften oder hergestellten Wirtschaftsgüter kann die **Hälfte** des für das gesamte Wirtschaftsjahr in Betracht kommenden AfA-Betrags abgesetzt werden. Bei einem **Rumpfwirtschaftsjahr** gilt die Vereinfachungsregel entsprechend (R 44 Abs. 2 Satz 4 EStR).

117. Für welche Wirtschaftsgüter des Anlagevermögens gilt die Vereinfachungsregel der R 44 Abs. 2 Satz 3 EStR nicht?

Die Vereinfachungsregel gilt **nicht** für nicht abnutzbare Wirtschaftsgüter und unbewegliche Wirtschaftsgüter des Anlagevermögens.

118. Bei welchen Wirtschaftsgütern ist die AfA nach deren betriebsgewöhnlicher Nutzungsdauer vorzunehmen?

Die AfA ist bei den **abnutzbaren** Wirtschaftsgütern des **Anlagevermögens** nach deren **betriebsgewöhnlicher Nutzungsdauer** vorzunehmen (§ 7 Abs. 1 Satz 2 EStG).

119. Was ist unter der betriebsgewöhnlichen Nutzungsdauer i.S. des § 7 Abs. 1 Satz 2 EStG zu verstehen?

Unter der betriebsgewöhnlichen Nutzungsdauer ist der Zeitraum der Nutzbarkeit eines Wirtschaftsguts unter Berücksichtigung der **betriebstypischen Beanspruchung** zu verstehen. Für die **Schätzung** der Nutzungsdauer ist regelmäßig von dem Zeitraum auszugehen, in dem sich das Wirtschaftsgut **technisch** abnutzt. Eine hiervon abweichende kürze **wirtschaftliche** Nutzungsdauer kommt nur in Betracht, wenn das Wirtschaftsgut erfahrungsgemäß vor Ablauf der technischen Nutzungsdauer objektiv wirtschaftlich wertlos wird. Ist ein Wirtschaftsgut im Betrieb zwar nicht mehr entsprechend der ursprünglichen Zweckbestimmung rentabel nutzbar, lassen sich aber durch Veräußerung erhebliche Erlöse erzielen, ist es auch für den Unternehmer wirtschaftlich noch nicht verbraucht.[1]

120. Ein Autovermietungsunternehmen veräußert die zur gewerblichen Vermietung bestimmten Kraftfahrzeuge regelmäßig nach zwei- bis dreijähriger Nutzung zu einem die Hälfte der Anschaffungskosten übersteigenden Preis. Die Veräußerung nach einer zwei- bis dreijährigen Nutzung ist erforderlich, weil die Kunden möglichst Neuwagen wünschen. Können die nach zwei bis drei Jahren veräußerten Kraftfahrzeuge in zwei bis drei Jahren abgeschrieben werden?

Sind die Kraftfahrzeuge im Betrieb der Autovermietung nicht mehr entsprechend der ursprünglichen Zweckbestimmung rentabel nutzbar, lassen sich aber durch Veräußerung erhebliche Erlöse erzielen, sind sie nach der Rechtsprechung für die Autovermietung wirtschaftlich noch nicht verbraucht. Eine Abschreibung in drei Jahren ist nicht zulässig.[2]

121. Welche Hilfsmittel bestehen zur Schätzung der Nutzungsdauer?

Als Hilfsmittel zur Schätzung der Nutzungsdauer sind vom Bundesminister der Finanzen unter Beteiligung der Fachverbände der Wirtschaft **AfA-Tabellen** für

[1] Vgl. BFH, BStBl 1998 II, S. 59.
[2] Vgl. BFH, BStBl 1998 II, S. 59 – 62.

allgemein verwendbare Wirtschaftsgüter[1] und für **verschiedene Wirtschaftszweige** herausgegeben worden.

122. Mit der Einführung des Steuersenkungsgesetzes mindert sich die degressive AfA nach § 7 Abs. 2 EStG auf das Zweifache der linearen Abschreibung, höchstens jedoch 20 v.H. der Anschaffungs- oder Herstellungskosten. Welche AfA- Sätze kommen vor und nach der Neuregelung zur Anwendung bei Wirtschaftsgütern mit einer betriebsgewöhnlichen Nutzungsdauer zwischen 4 – 8, 10, 12 und 16 Jahren?[2]

Nutzungs- dauer	lineare AfA	das Dreifache der linearen AfA	das Zweifache der linearen AfA	höchstens anzuwenden- der degressiver AfA-Satz
4	25 v.H.	75 v.H.	50 v.H.	20 v.H.
5	20 v.H.	60 v.H.	40 v.H.	20 v.H.
6	16,67 v.H.	50 v.H.	33,4 v.H.	20 v.H.
7	14,3 v.H.	42,9 v.H.	28,6 v.H.	20 v.H.
8	12,5 v.H.	37,5 v.H.	25 v.H.	20 v.H.
10	10 v.H.	30 v.H.	20 v.H.	20 v.H.
12	8,33 v.H.	25 v.H.	16,66 v.H.	16,66 v.H.
16	6,25 v.H.	18,75 v.H.	12,5 v.H.	12,5 v.H.

123. Welche Besonderheiten gelten bei der Gebäude-AfA?

Bei Gebäuden sind die AfA-Sätze **gesetzlich** festgelegt (§ 7 Abs. 4 und Abs. 5 EStG).

[1] Vgl. Bundesministerium der Finanzen, AfA-Tabelle für die allgemein verwendbaren Anlagegüter („AV"), BStBl 2000 I, S. 1532 ff.

[2] Die neuen AfA-Sätze sind erstmals bei Wirtschaftsgütern anzuwenden, die nach dem 31.12.2000 angeschafft oder hergestellt werden (§ 52 Abs. 21a EStG).

124. Welche Regelung besteht hinsichtlich der linearen Gebäude-AfA für Betriebsgebäude, die nicht Wohnzwecken dienen, nach § 7 Abs. 4 Satz 1 EStG?

Bei Betriebsgebäuden, die nicht Wohnzwecken dienen, sind nach § 7 Abs. 4 Satz 1 Nr. 1 EStG als AfA jährlich **3 v.H.** der Anschaffungs- oder Herstellungskosten anzusetzen, soweit der Bauantrag nach dem 31.3.1985 gestellt worden ist.[1]
Bei Gebäuden, die diese Voraussetzungen nicht erfüllen, steht der AfA-Satz in Abhängigkeit von der **Fertigstellung**. Gebäude, die nach dem 31.12.1924 fertiggestellt worden sind, sind jährlich mit 2 v.H. abzuschreiben (§ 7 Abs. 4 Satz 1 Nr. 2 Buchst. a EStG), bei Fertigstellung vor dem 1.1.1925 mit jährlich 2,5 v.H. (§ 7 Abs. 1 Satz 1 Nr. 2 Buchst. b EStG).[2]

125. Unter welcher Voraussetzung kommt statt der in § 7 Abs. 4 Satz 1 EStG über die AfA-Sätze gesetzlich festgelegten Nutzungsdauer die tatsächliche Nutzungsdauer zur Anwendung?

Beträgt die **tatsächliche** Nutzungsdauer eines Gebäudes in den Fällen des § 7 Abs. 4 Satz 1 Nr. 1 EStG weniger als **33**, in den Fällen des Satzes 1 Nr. 2 Buchst. a EStG weniger als **50** Jahre, in den Fällen des Satzes 1 Nr. 2 Buchst. b weniger als **40** Jahre, so können an Stelle der Absetzungen nach § 7 Abs. 4 Satz 1 die der **tatsächlichen Nutzungsdauer** entsprechende Absetzungen vorgenommen werden (§ 7 Abs. 4 Satz 2 EStG).

126. Wie erfolgt die Absetzung für Abnutzung (AfA) bei den in R 13 Abs. 3 Satz 3 EStR genannten selbstständigen Gebäudeteilen?

Die **Absetzung für Abnutzung** der in **R 13 Abs. 3 Satz 3 EStR** genannten **selbstständigen Gebäudeteilen** erfolgt laut nachstehender Übersicht:

[1] Die lineare AfA für Gebäude, die zu einem Betriebsvermögen gehören und nicht Wohnzwecken dienen, wurde durch das Steuersenkungsgesetz zur Finanzierung der Tarifentlastungen im Unternehmensbereich von 4 v.H. auf 3 v.H. gesenkt (Vgl. BT-Drucks. 14/2683, S. 113).
[2] Zum Anwendungsbereich der neuen Regelung: § 52 Abs. 21b EStG.

Selbstständiger Gebäudeteil	beweglich/ unbeweglich	AfA
Betriebsvorrichtungen	beweglich	§ 7 Abs. 1, Abs. 2
Scheinbestandteile	beweglich	§ 7 Abs. 1, Abs. 2
Ladeneinbauten etc.	unbeweglich	§ 7 Abs. 4, Abs. 5
sonstige Mietereinbauten	unbeweglich	§ 7 Abs. 4, Abs. 5
sonstige selbstständige Gebäudeteile	unbeweglich	§ 7 Abs. 4, Abs. 5

127. Wie ist die AfA bei Veräußerung oder Entnahme eines Wirtschaftsgutes zu berechnen?

Scheiden Wirtschaftsgüter im Laufe des Jahres durch Veräußerung oder Entnahme aus, so ist die AfA **zeitanteilig** zu berechnen (R 44 Abs. 9 EStR).

128. Welches Verhältnis besteht zwischen AfA und Teilwertabschreibung?

Ist der Teilwert niedriger als der Buchwert, so stellt sich die Frage nach der Teilwertabschreibung. Die normale AfA hat Vorrang vor der Teilwertabschreibung. Nach der Teilwertabschreibung ist der Restwert des Wirtschaftsgutes auf die Restnutzungsdauer zu verteilen.

129. Der bilanzierende Kaufmann K hat in der Handelsbilanz die Abschreibungsmethode gewechselt. Muss er den Methodenwechsel in der Steuerbilanz nachvollziehen?

Handelsrechtlich darf die Abschreibungsmethode **gewechselt** werden, wenn dies sachlich begründet ist. Nach dem **Grundsatz der Maßgeblichkeit der Handelsbilanz** für die Steuerbilanz muss der Kaufmann einen in der Handelsbilanz vorgenommenen Methodenwechsel in der Steuerbilanz nachvollziehen, sofern dem keine zwingenden steuerrechtlichen Abschreibungsvorschriften entgegenstehen. Eine derart zwingende Vorschrift stellt der § 7 Abs. 3 Satz 3 EStG dar. Der Übergang von der linearen AfA zur degressiven AfA ist nicht zulässig.

130. Welche Unterscheidung ist hinsichtlich der handelsrechtlichen außerplanmäßigen Abschreibung aufgrund einer vorübergehenden Wertminderung bei den Vermögensgegenständen des Anlagevermögens zu treffen?

Hinsichtlich der handelsrechtlichen außerplanmäßigen Abschreibung aufgrund einer **vorübergehenden Wertminderung** bei den Vermögensgegenständen des **Anlagevermögens** ist zwischen den Vorschriften für **alle Kaufleute ohne Kapitalgesellschaften** und den besonderen Vorschriften für **Kapitalgesellschaften** zu unterscheiden. Von allen Kaufleuten ohne Kapitalgesellschaften **können** handelsrechtlich die Vermögensgegenstände des Anlagevermögens bei einer **voraussichtlich vorübergehenden Wertminderung** außerplanmäßig abgeschrieben werden (§ 253 Abs. 2 Satz 3 HS 1 HGB). Es gilt insoweit das **gemilderte Niederstwertprinzip**. Bei Kapitalgesellschaften schränkt § 279 Abs. 1 Satz 2 HGB dieses Wahlrecht auf **Finanzanlagen** ein (siehe Frage 134).

131. Welche Regelung besteht handelsrechtlich bei einer voraussichtlich dauerhaften Wertminderung bei den Vermögensgegenständen des Anlagevermögens?

Bei einer **voraussichtlich dauerhaften Wertminderung** bei den Vermögensgegenständen des **Anlagevermögens** gilt nach § 253 Abs. 2 Satz 3 HS 2 HGB das **strenge Niederstwertprinzip**.

132. Gilt die Regelung hinsichtlich der handelsrechtlichen außerplanmäßigen Abschreibung bei den Vermögensgegenständen des Anlagevermögens auch für die Vermögensgegenstände des Umlaufvermögens?

Nein. Bei den Vermögensgegenständen des **Umlaufvermögens** hingegen **muss** bei **jeglicher Wertminderung** abgeschrieben werden (§ 253 Abs. 3 Satz 1 HGB). Es gilt sowohl bei einer nur vorübergehenden als auch bei einer voraussichtlich dauernden Wertminderung das **strenge Niederstwertprinzip**.

133. Welche Bedeutung haben die handelsrechtlichen Regelungen hinsichtlich der außerplanmäßigen Abschreibungen für die Steuerbilanz?

Steuerrechtlich darf sowohl beim **Anlagevermögen** als auch beim **Umlaufvermögen** eine **Teilwertwertabschreibung** nur vorgenommen werden bei einer **voraussichtlich dauernden Wertminderung** (§ 6 Abs. 1 Nr. 1 Satz 2 und Nr. 2 Satz 2 EStG).
Dieses steuerrechtliche Wahlrecht wird somit wegen der Maßgeblichkeit der Handelsbilanz für die Steuerbilanz in der Steuerbilanz bei einer **voraussichtlich dauernden Wertminderung** zu einem steuerrechtlichen Abschreibungsgebot.
Ferner kommt es zu Abweichungen zwischen Handels- und Steuerbilanz beim **Anlagevermögen**, wenn bei einer nur **vorübergehenden Wertminderung** in der Handelsbilanz vom Abschreibungswahlrecht des § 253 Abs. 2 Satz 3 HGB Gebrauch gemacht wird.
Beim **Umlaufvermögen** kommt es bei einer voraussichtlich vorübergehenden Wertminderung zu einer Abweichung, weil in diesem Fall in der Steuerbilanz der niedrigere Teilwert nicht angesetzt werden darf.

Bilanzielle Auswirkungen einer Wertminderung bei Personenunternehmen		
	Handelsbilanz	Steuerbilanz
Wertminderung im	Abschreibungs-	
Anlagevermögen: voraussichtlich vorübergehend	wahlrecht	verbot
Anlagevermögen: voraussichtlich dauerhaft	gebot	gebot (wg. Maßgeblichkeit)
Umlaufvermögen: voraussichtlich vorübergehend	gebot	verbot
Umlaufvermögen: voraussichtlich dauerhaft	gebot	gebot (wg. Maßgeblichkeit)

134. Welche Einschränkung besteht bei Kapitalgesellschaften hinsichtlich der außerplanmäßigen Abschreibungen?

Für Kapitalgesellschaften sind die Möglichkeiten der außerplanmäßigen Abschreibung im Vergleich zu den Personenunternehmen eingeschränkt. So dürfen Kapitalgesellschaften gem. § 279 Abs. 1 Satz 2 i.V.m. § 253 Abs. 2 Satz 3 HGB im **Anlagevermögen** aufgrund einer nur vorübergehenden Wertminderung eine Abschreibung nur auf **Finanzanlagen** vornehmen, nicht jedoch auf Sachanlagen oder immaterielle Anlagegüter. Steuerrechtlich darf nur bei einer voraussichtlich dauerhaften Wertminderung eine Teilwertabschreibung vorgenommen werden. Damit ergeben sich materielle Unterschiede zwischen Kapitalgesellschaften und Personenunternehmen.

Bilanzielle Auswirkungen einer Wertminderung bei Kapitalgesellschaften		
	Handelsbilanz	Steuerbilanz
Wertminderung im	Abschreibungs-	
Finanzanlagevermögen: voraussichtlich vorübergehend	wahlrecht	verbot
Sachanlagevermögen/immaterielles Anlagevermögen: voraussichtlich vorübergehend	verbot	verbot
Anlagevermögen: voraussichtlich dauerhaft	gebot	gebot (wg. Maßgeblichkeit)
Umlaufvermögen: voraussichtlich vorübergehend	gebot	verbot
Umlaufvermögen: voraussichtlich dauerhaft	gebot	gebot (wg. Maßgeblichkeit)

135. Dürfen Personenunternehmen den niedrigeren Wert beibehalten, wenn der Grund für die außerplanmäßige Abschreibung wegfällt?

Fällt bei Personenunternehmen der Grund für eine außerplanmäßige Abschreibung bei Vermögensgegenstände des Anlage- und Umlaufvermögens nach § 253 Abs. 2 Satz 3 oder Abs. 3 HGB weg, so **darf handelsrechtlich** der niedrigere Wert **beibehalten** werden (§ 253 Abs. 5 HGB). Es besteht ein **handelsrechtliches Wertaufholungswahlrecht**.

Steuerrechtlich dagegen besteht gem. § 6 Abs. 1 Nr. 1 Satz 4 und Nr. 2 Satz 3 EStG ein **strenges Wertaufholungsgebot**. Der niedrigere Wert darf in der Steuerbilanz nur noch beibehalten werden, wenn nachgewiesen wird, dass keine Wertsteigerung eingetreten ist.

136. Dürfen Kapitalgesellschaftenden niedrigeren Wert beibehalten, wenn der Grund für die außerplanmäßige Abschreibung wegfällt?

Fällt bei **Kapitalgesellschaften** der Grund für eine außerplanmäßige Abschreibung bei Vermögensgegenständen des Anlage- und Umlaufvermögens nach § 253 Abs. 2 Satz 3 oder Abs. 3 HGB weg, so ist handelsrechtlich der Betrag der Abschreibung im Umfang der Werterhöhung unter Berücksichtigung der Abschreibungen, die inzwischen vorzunehmen gewesen wären, zuzuschreiben (§ 280 Abs. 1 Satz 1 HGB). Für Kapitalgesellschaften besteht nach § 280 Abs. 1 HGB ein **Wertaufholungsgebot**.

Bilanzielle Auswirkungen einer Werterhöhung		
	Handelsbilanz	Steuerbilanz
Rechtsform	Wertaufholungs-	
Einzelunterneh-men/Personengesellschaften	wahlrecht	gebot
Kapitalgesellschaften	gebot	gebot

6.6 Bewertungsvereinfachungen

137. Werden die handelsrechtlichen Verfahren zur Bewertungsvereinfachung steuerrechtlich anerkannt?

Die handelsrechtlichen Verfahren zur Bewertungsvereinfachung werden steuerrechtlich anerkannt, soweit sie den Grundsätzen ordnungsmäßiger Buchführung entsprechen und das Steuerrecht keine abweichenden Regelungen enthält.

138. Für welche Vermögensgegenstände kommt handelsrechtlich die Durchschnittsbewertung in Betracht?

Die **Durchschnittsbewertung** kommt nach § 240 Abs. 4 HGB für

- gleichartige Vermögensgegenstände des **Vorratsvermögens** sowie

- **andere** gleichartige oder annähernd gleichwertige **bewegliche** Vermögensgegenstände

in Betracht.

139. Unter welchen Voraussetzungen kommt die Durchschnittsbewertung des Vorratsvermögens nach R 36 Abs. 3 Satz 2 EStR in Betracht?

Voraussetzung für die **Durchschnittsbewertung** nach R 36 Abs. 3 Satz 2 EStR ist, dass es sich um

- vertretbare Wirtschaftsgüter (= Wirtschaftsgüter, die im Verkehr nach Maß, Zahl oder Gewicht bestimmt werden) handelt, bei denen
- die Anschaffungs- oder Herstellungskosten wegen schwankender Einstandspreise im Laufe des Wirtschaftsjahr nicht mehr einwandfrei feststellbar sind.

140. Bei welchen Wirtschaftsgütern des Vorratsvermögens kommt die Durchschnittsbewertung nach R 36 Abs. 3 Satz 2 EStR vor allem in Betracht?

Die Durchschnittsbewertung kommt vor allem in Betracht für Öl, Treibstoff in Tanks, Schrott, Kohle auf Halde sowie für Wertpapiere.

141. Welche Methode stellt nach Auffassung der Finanzverwaltung ein zweckentsprechendes Schätzverfahren für die Durchschnittsbewertung dar?

Nach R 36 Abs. 3 Satz 3 EStR stellt die Bewertung nach dem **gewogenen Mittel** ein zweckentsprechendes Schätzverfahren dar.

142. Welches sind die Rechtsgrundlagen für die Sammel- oder Gruppenbewertung?

Rechtsgrundlage für die Sammel- oder Gruppenbewertung sind § 240 Abs. 4 und § 256 Satz 2 HGB (R 31 Abs. 2 Satz 3, R 36 Abs. 4 EStR).

143. Unter welchen Voraussetzungen kommt die Sammel- oder Gruppenbewertung in Betracht?

Voraussetzungen für die Sammel- oder Gruppenbewertung sind beim **Vorratsvermögen** Gleichartigkeit und Ansatz mit dem gewogenen Durchschnitt, bei den **anderen beweglichen Wirtschaftsgütern** Gleichartigkeit oder annähernde Gleichwertigkeit und Ansatz mit dem gewogenen Durchschnitt. Beim **abnutzbaren beweglichen Anlagevermögen** müssen vorliegen: Anschaffung im selben Wirtschaftsjahr, gleiche Nutzungsdauer, gleiche Anschaffungskosten, gleiche Abschreibungsmethode, Ansatz mit dem gewogenen Durchschnitt. Die Sammel- oder Gruppenbewertung ist also nicht auf das Vorratsvermögen beschränkt. Als **Methode** kommt das **gewogene Mittel** (gewogener Durchschnitt) in Betracht.

144. Was versteht man begrifflich unter dem Festwert nach § 240 Abs. 3 i.V.m. § 256 Satz 2 HGB?

Begrifflich versteht man unter dem **Festwert** den gleichbleibenden Ansatz (Festmenge, feste Werte) einer Gruppe von zusammenerfassten Wirtschaftsgütern in mehreren Bilanzen.

145. Unter welchen Voraussetzungen darf ein Festwert gebildet werden?

Nach § 240 Abs. 3 i.V.m. § 256 Satz 2 HGB, R 36 Abs. 4 EStR, H 36 „Festwert“ EStH darf ein Festwert unter folgenden Voraussetzungen gebildet werden:

- Vermögensgegenstände des **Sachanlagevermögens** oder **Roh-, Hilfs- und Betriebsstoffe,**
- regelmäßige Ersetzung der in die Festbewertung einbezogenen Vermögensgegenstände,
- Gesamtwert der in die Festbewertung einbezogenen Vermögensgegenstände muss für das Unternehmen von nachrangiger Bedeutung sein,
- Bestand darf in seiner Größe, seinem Wert und seiner Zusammensetzung nur geringen Veränderungen unterliegen,
- i.d.R. alle drei Jahre körperliche Bestandsaufnahme.

146. Welche Aufgabe hat der Festwertansatz?

Der Festwertansatz hat die Aufgabe der **Vereinfachung der Mengen- und Wertermittlung** bei der **Aufstellung** von **Inventar** und **Bilanz** über den Ansatz eines konstanten Werts (Festwert). Beim Ansatz eines Festwerts muss am Bilanzstichtag weder eine Bestandsaufnahme noch eine Bewertung erfolgen. Der Festwert wird in der Bilanz ausgewiesen. Es erfolgt keine Abschreibung. **Ergänzungsbeschaffungen werden sofort als Betriebsausgaben gebucht**. Abgänge werden nicht als Bestandsminderungen gebucht. Die betroffenen Anlagegüter sind im Einzelnen nicht im Bestandsverzeichnis aufzuführen.

147. Für welche konkreten Wirtschaftsgüter kommt in der Praxis ein Festwert in Betracht?

Ein Festwertansatz kommt im Bereich des **Anlagevermögens** z.B. für Hotelgeschirr, Hotelwäsche, Werkzeuge, Formen, Modelle, Fässer, Flaschen und Flaschenkästen in Betracht. Im **Umlaufvermögen** kommt ein Festwertansatz für den Bereich der Roh-, Hilfs- und Betriebsstoffe in Betracht.

148. Für welche Wirtschaftsgüter kommt ein Festwertansatz nicht in Betracht?

Für **Waren** (Handelswaren) sowie **unfertige und fertige Erzeugnisse** sind Festwerte **nicht** zulässig. Ebenso scheiden sie bei **Vorräten** aus, die beachtlichen Preisschwankungen unterliegen (H 36 „Festwert" EStH).

149. Wann ist eine Festwertanpassung vorzunehmen?

Für Gegenstände des beweglichen Anlagevermögens, die zulässigerweise mit einem Festwert angesetzt worden sind, ist in der Regel **alle drei Jahre** eine körperliche Bestandsaufnahme vorzunehmen (R 31 Abs. 4 Satz 1 EStR). Übersteigt der für diesen Bilanzstichtag ermittelt Wert den bisherigen Festwert um **mehr als 10 v.H.**, so ist der ermittelte Wert als neuer Festwert maßgebend (R 31 Abs. 4 Satz 2 EStR). Beträgt die Abweichung weniger als 10 v.H., so besteht ein Wahlrecht zwischen dem Ansatz des alten oder neuen Festwerts (R 36 Abs. 4 Satz 5 EStR).

150. Wie ist die Festwertanpassung vorzunehmen?

Der bisherige Festwert ist so lange um die Anschaffungs- und Herstellungskosten der im Festwert erfassten und nach dem Bilanzstichtag des vorangegangenen Wirtschaftsjahrs angeschafften oder hergestellten Wirtschaftsgüter **aufzustocken**, bis der neue Festwert erreicht ist (R 36 Abs. 4 Satz 3 EStR). Ist der ermittelte Festwert **niedriger** als der bisherige Festwert, so kann der neue Festwert angesetzt werden (R 36 Abs. 4 Satz 4 EStR).

151. Welche Bewertung nach unterstellter Verbrauchs- und Veräußerungsfolge ist in der Steuerbilanz zulässig?

In der **Steuerbilanz** ist nach unterstellter **Verbrauchs- und Veräußerungsfolgebewertung** nur das **Lifo-Verfahren** zulässig (§ 6 Abs. 1 Nr. 2a EStG, R 36a EStR).

152. Unter welchen Voraussetzungen ist das Lifo-Verfahren zulässig?

Das **Lifo-Verfahren** ist nach § 256 Satz 1 HGB i.V.m. § 6 Abs. 1 Nr. 2a EStG unter folgenden Voraussetzungen zulässig:

- Gewinnermittlung nach § 5 EStG,
- Wirtschaftsgüter des **Vorratsvermögens**,
- Gleichartigkeit der Wirtschaftsgüter,
- Anwendung der Lifo-Methode in der Handelsbilanz,
- Übereinstimmung mit den handelsrechtlichen Grundsätzen ordnungsmäßiger Buchführung.

7. Rückstellungen und Rücklagen

Literaturhinweise: Dicken, A., Bilanzsteuerrecht, Hamburg 1994, S. 70 ff. und 217 ff.; Falterbaum, H./Bolk, W./Reiß, W./Eberhart, R., Buchführung und Bilanz, 18. Aufl., Achim 2001, S. 816 ff.

1. Welcher Grundsatz bildet die Grundlage für die Bildung von Rückstellungen?

Grundlage für die Bildung von Rückstellungen bildet der **Grundsatz der Vorsicht** (§ 252 Abs. 1 Nr. 4 HGB).

2. Für welche Sachverhalte sind nach den handelsrechtlichen Grundsätzen ordnungsmäßiger Buchführung Rückstellungen in der Steuerbilanz zu bilden?

Nach den handelsrechtlichen Grundsätzen ordnungsmäßiger Buchführung **sind** Rückstellungen in der **Steuerbilanz** zu bilden für

- ungewisse Verbindlichkeiten (§ 249 Abs. 1 Satz 1 HGB),
- drohende Verluste aus schwebenden Geschäften (§ 249 Abs. 1 Satz 1 HGB),
- im Geschäftsjahr unterlassene Aufwendungen für Instandhaltung, die im folgenden Geschäftsjahr innerhalb von drei Monaten nachgeholt werden (§ 249 Abs. 1 Satz 2 Nr. 1 HGB),
- im Geschäftsjahr unterlassene Aufwendungen für Abraumbeseitigung, die im folgenden Geschäftsjahr nachgeholt werden (§ 249 Abs. 1 Satz 2 Nr. 1 HGB),
- Gewährleistungen, die ohne rechtliche Verpflichtung erbracht werden (§ 249 Abs. 1 Satz 2 Nr. 2 HGB),

soweit steuerliche Sondervorschriften, z.B. § 5 Abs. 3, 4, 4a und §§ 6, 6a EStG und § 50 Abs. 2 Satz 4 und 5 DMBilG, dem nicht entgegenstehen und eine betriebliche Veranlassung besteht (R 31c Abs. 1 EStR).

3. Für welche Rückstellungen besteht in der Handelsbilanz ein Ansatzwahlrecht?

Nach § 249 Abs. 1 Satz 3 HGB und § 249 Abs. 2 HGB besteht für

- unterlassene Aufwendungen für Instandhaltung, die zwar nicht innerhalb von drei Monaten, aber in der danach verbleibenden Zeit des folgenden Geschäftsjahrs nachgeholt werden und
- Aufwandsrückstellungen

ein **handelsrechtliches Ansatzwahlrecht**.

4. Gilt das handelsrechtliche Ansatzwahlrecht für Rückstellungen auch in der Steuerbilanz?

Das handelsrechtliche Ansatzwahlrecht für Rückstellungen führt in der Steuerbilanz zu einem **Passivierungsverbot**.

5. Wodurch unterscheiden sich Rückstellungen von Verbindlichkeiten?

Rückstellungen unterscheiden sich von **Verbindlichkeiten** dadurch, dass bei Rückstellungen die **genaue Höhe und/oder die endgültige Entstehung** und **Fälligkeit** der Ausgaben **noch ungewiss** ist. **Weitere Voraussetzung** für die Bildung einer Rückstellung ist, dass die **Verpflichtung** bereits **zumindest wirtschaftlich**, wenn auch nicht rechtlich, **verursacht** ist. Die die künftigen Belastungen begründenden **Tatsachen** müssen am **Bilanzstichtag** bereits **vorhanden** sein.

6. Wodurch unterscheiden sich Rückstellungen von Rücklagen?

Von den **offenen** Rücklagen, die als **Eigenkapital** unter einer besonderen Bezeichnung auf der Passivseite der Bilanz auszuweisen sind, **unterscheiden** sich **Rückstellungen** dadurch, dass sie dem Grunde nach **bestehende Verbindlichkeiten** oder **drohende Verluste** erfassen.

Rücklagen werden aus **rechtlichen** (§ 15 AktG, § 272 Abs. 2 - 4 HGB) oder **betriebswirtschaftlichen Gründen** zur **Deckung noch nicht entstandener Verbindlichkeiten** gebildet. **Rücklagen** sind steuerrechtlich **nicht abzugsfähig**, ausgenommen sog. **steuerfreie Rücklagen** (z.B. § 6b EStG).

Rückstellungen und **Rücklagen** sind **getrennt** voneinander zu bilanzieren.

7. Für welche Rückstellungen besteht ausgehend von § 249 HGB handels- und steuerrechtlich eine Passivierungspflicht, ein Passivierungswahlrecht sowie ein Passivierungsverbot?

Bilanzierung von Rückstellungen		
Rückstellungsart	**Handelsbilanz**	**Steuerbilanz**
1. ungewisse Verbindlichkeiten	Passivierungspflicht (§ 249 Abs. 1 Satz 1 HGB)	Passivierungspflicht (Maßgeblichkeitsprinzip)
2. drohende Verluste aus schwebenden Geschäften	Passivierungspflicht (§ 249 Abs. 1 HGB)	Passivierungsverbot (§ 5 Abs. 4a EStG)
3. unterlassene Instandhaltung bei Nachholung innerhalb von 3 Monaten	Passivierungspflicht (§ 249 Abs. 1 Satz 2 Nr. 1 HGB)	Passivierungspflicht (Maßgeblichkeitsprinzip)
4. unterlassene Instandhaltung bei Nachholung innerhalb von 4 - 12 Monaten	Passivierungswahlrecht (§ 249 Abs. 1 Satz 3 HGB)	Passivierungsverbot (R 31c Abs. 11 Satz 4 EStR)
5. unterlassene Abraumbeseitigung bei Nachholung im folgenden Geschäftsjahr	Passivierungspflicht (§ 249 Abs. 1 Satz 2 Nr. 1 HGB)	Passivierungspflicht (Maßgeblichkeitsprinzip)
6. Gewährleistung ohne rechtliche Verpflichtung	Passivierungspflicht (§ 249 Abs. 1 Satz 2 Nr. 2 HGB)	Passivierungspflicht (Maßgeblichkeitsprinzip)
7. bestimmte künftige Aufwendungen, die dem Geschäftsjahr oder einem früheren Geschäftsjahr zuzuordnen sind	Passivierungswahlrecht (§ 249 Abs. 2 HGB)	Passivierungsverbot
8. latente Steuern	Passivierungspflicht (§ 274 Abs. 1 HGB)	-
9. sonstige Zwecke	Passivierungsverbot (§ 249 Abs. 3 HGB)	Passivierungsverbot (Maßgeblichkeitsprinzip)

8. Unter welchen Voraussetzungen darf eine Rückstellung für ungewisse Verbindlichkeiten gebildet werden?

Eine Rückstellung für ungewisse Verbindlichkeiten darf nur gebildet werden, wenn

1. es sich um eine Verbindlichkeit gegenüber einem Dritten oder eine öffentlich-rechtliche Verpflichtung handelt,
2. die Verpflichtung im Falle der Erfüllung zu einem Betriebsausgabenabzug führt,
3. Unsicherheit hinsichtlich des Entstehens und/oder der Höhe der Verbindlichkeit besteht,
4. die Verpflichtung wirtschaftlich vor dem Bilanzstichtag verursacht ist und
5. die Inanspruchnahme wahrscheinlich ist (R 31c Abs. 2 EStR).

9. Kommen für folgende Verpflichtungen Rückstellungen für ungewisse Verbindlichkeiten in der Steuerbilanz in Betracht?

a) Aufstellung der Jahresabschlüsse,
b) Ausgleichsansprüche des Handelsvertreters nach § 89 b HGB,
c) Betriebssteuererklärungen,
d) Betriebsprüfungskosten,
e) Gewerbesteuer,
f) Gratifikationen an Arbeitnehmer,
g) Hauptversammlung (Pflicht zur Durchführung),
h) Jubiläumszusagen,
i) Kulanzleistungen,
j) Lohnnachzahlungen,
k) Mehrsteuern aufgrund einer steuerlichen Außenprüfung,
l) Mieterinstandhaltungsverpflichtung,
m) Pachtanlagenbeseitigung,
n) Patentverletzungen,
o) Pensionsverpflichtungen,
p) Pfandrückstellungen,
q) Provisionsverpflichtungen,
r) Prüfung der Jahresabschlüsse,
s) Sozialplanverpflichtungen,
t) Urlaubsgeld,
u) Veröffentlichung der Jahresabschlüsse im Bundesanzeiger,

v) Vorruhestandsverpflichtungen,
w) Weihnachtsgeld.

Art der Verpflichtung	Zulässigkeit der Rückstellung in der Steuerbilanz
a) Aufstellung des Jahresabschlusses	Die Rückstellung für die Verpflichtung zur Aufstellung des Jahresabschlusses darf gebildet werden (H 31c (3) „Rückstellungen für öffentlich-rechtliche Verpflichtungen" EStH).
b) Ausgleichsansprüche des Handelsvertreters nach § 89 b HGB	Eine Rückstellung für eine Verpflichtung zur Zahlung eines Ausgleichs an einen Handelsvertreter nach § 89b HGB ist vor Beendigung des Vertragsverhältnisses **nicht** zulässig, da wesentliche Voraussetzung für einen solchen Ausgleich ist, dass dem Unternehmer aus der früheren Tätigkeit des Vertreters mit hoher Wahrscheinlichkeit noch nach Beendigung des Vertragsverhältnisses erhebliche Vorteile erwachsen (H 31c (4) „Ausgleichsanspruch Handelsvertreter" EStH). Bei Beendigung des Handelsvertretervertrages ist eine Rückstellung zu bilden. Der Anspruch entsteht rechtlich erst mit der Beendigung des Vertragsverhältnisses.
c) Betriebssteuererklärungen	Die Bildung einer Rückstellung für die Verpflichtung zur Erstellung der Betriebssteuererklärungen ist zulässig (H 31 (3) „Rückstellungen für öffentlich-rechtliche Verpflichtungen" EStH).
d) Betriebsprüfungskosten	Rückstellungen wegen zukünftiger Betriebsprüfungskosten dürfen erst dann gebildet werden, wenn die Prüfungsanordnung vorliegt (H 31c (3) „Rückstellungen für öffentlich-rechtliche Verpflichtungen" EStH).
e) Gewerbesteuer	Rückstellungen für ungewisse Verbindlichkeiten (§ 249 Abs. 1 HGB i.V.m. § 5 Abs. 1 EStG).
f) Gratifikationen	Gratifikationen, die an Arbeitnehmer nach Ablauf mehrerer Jahre unter der Voraussetzung weiterer Betriebszugehörigkeit auszuzahlen sind, müssen vom Arbeitgeber durch eine Rückstellung berücksichtigt werden.
g) Verpflichtung zur	Eine Rückstellung zur Durchführung der Hauptversamm-

Durchführung des Hauptversammlung	lung ist nicht zulässig (H 31c (3) „Rückstellungen für öffenlich-rechtliche Verpflichtungen" EStH).
h) Jubiläumszusagen	**Rückstellungen für Jubiläumszusagen dürfen nur** gebildet werden, wenn – das Dienstverhältnis mindestens **zehn Jahre** bestanden hat, – das Dienstjubiläum das Bestehen eines Dienstverhältnisses von mindestens **fünfzehn Jahren** voraussetzt und – die Zusage **schriftlich** erteilt ist und – die Rückstellungsbildung nur Anwartschaften berücksichtigt, die nach dem 31.121992 erworben wurden (§ 5 Abs. 4 EStG).
i) Kulanzleistungen	Rückstellungspflicht nach § 249 Abs. 1 HGB.
j) Lohnnachzahlungen	Eine **Rückstellung** ist **nicht** zulässig, wenn die Verpflichtung dazu erst bei Vornahme des Abschlusses, also im neuen Jahr, übernommen wird. Dahingegen ist eine **Rückstellung** zulässig, wenn an den Betriebsratsvorsitzenden **vor** Abschluss des Wirtschaftsjahres schon bestimmte, in ihren Grundlagen festgelegte Zusagen gemacht werden.
k) Mehrsteuern aufgrund einer Außenprüfung	Eine Rückstellung ist **nicht** zulässig wegen des Erfahrungssatzes, dass **Außenprüfungen** immer zu **Steuernachforderungen** führen. **Mehrsteuern** aufgrund von **Berichtigungsveranlagungen** sind vielmehr immer **zu Lasten der Jahre** zu **berücksichtigen**, in denen mit der **Nachforderung** (nicht Zahlung) zu rechnen ist (Bescheidjahr).
l) Mieterinstandhaltungsverpflichtung	Ist der **Mieter** oder **Pächter** zur **Instandhaltung** der gemieteten Sache **verpflichtet** und dieser **Verpflichtung** noch **nicht nachgekommen**, so **ist** der **voraussichtliche Reparaturaufwand** durch eine **Rückstellung** zu berücksichtigen.
m) Pachtanlagenbeseitigung	Muss ein **Nutzungsberechtigter** den **ursprünglichen Zustand** bei Pachtende **wieder herstellen**, **ist** diese Ver-

	pflichtung durch eine **Rückstellung** (ohne Abzinsung) zu bilanzieren. Die **Rückstellung** ist **ratierlich** über die Nutzungsdauer **zu bilden**.
n) Patentverletzungen	**Voraussetzung** für Bildung einer **Rückstellung** wegen **Verletzung fremder Patent-, Urheber- oder ähnlicher Schutzrechte** ist, dass entweder a) der Rechtsinhaber Ansprüche wegen der Rechtsverletzung geltend gemacht hat oder b) mit einer Inanspruchnahme wegen der Rechtsverletzung **ernsthaft** zu rechnen ist (§ 5 Abs. 3 Satz 1 EStG). Nach **drei Jahren** besteht **Auflösungspflicht** (§ 5 Abs. 3 Satz 2 EStG).
o) Pensions-verpflichtungen	**Pensionsrückstellungen** sind unter bestimmten Umständen zu bilden – für in Pension befindliche, frühere Arbeitnehmer und – für Anwartschaften auf solche Leistungen **(§ 6a EStG)**.
p) Pfandrückstellungen	Für die Verpflichtung zur Rückgabe von Pfandgeld sind Pfandrückstellungen zu bilden (H 31c (3) „Pfandrückstellungen" EStH).
q) Provisions-verpflichtungen	Eine Rückstellung für **Provisionsaufwendungen** Geschäfte, die zwar **vermittelt** sind, aber **noch nicht ausgeführt** sind, ist **unzulässig**. Ist jedoch § 87a HGB dahingehend abbedungen, dass die **Provisionen bei Abschluss** der **Verträge** zu **zahlen** sind, ist eine **Rückstellung** zu bilden.
r) Prüfung der Jahresabschlüsse	Eine Rückstellung wegen der Verpflichtung zur Prüfung des Jahresabschlüsse ist zulässig (H 31c (3) „Rückstellungen für öffentlich-rechtliche Verpflichtungen" EStH).
s) Sozialplan-verpflichtungen	**Rückstellungen** für Verpflichtungen aus **Sozialplänen** sind zu bilden, wenn der Unternehmer **vor Bilanzaufstellung** den **Betriebsrat unterrichtet** hat und **vor Bilanzstichtag** der **Entschluss** des Unternehmers zur **Betriebsänderung vorliegt** oder vor dem Stichtag die **wirtschaftliche Notwendigkeit** der Betriebsänderung **unabweisbar** ist (R 31c Abs. 6 EStR).

t) Urlaubsgeld	Für die **Verpflichtung** des **Arbeitgebers** zur Zahlung von – **Arbeitslohn,** – **Arbeitgeberanteilen zur Sozialversicherung,** – **Urlaubsgeld** sowie für – anteilige **Lohngemeinkosten** – für einen **Urlaub des Arbeitnehmers** nach Bilanzstichtag ist eine **Rückstellung** zu passiveren, wenn der **Urlaubsanspruch** auf das **vor** dem **Bilanzstichtag** liegende **Urlaubsjahr** entfällt.
u) Veröffentlichung des Jahresabschlusses	Eine Rückstellung für die Verpflichtung zur Veröffentlichung des Jahresabschlusses ist als öffentliche Verpflichtung zulässig (H 31c (3) EStH).
v) Vorruhestandsverpflichtungen	Soweit der Arbeitgeber im Zusammenhang mit dem **Gesetz zur Erleichterung des Überganges vom Arbeitsleben in den Ruhestand** vom 13.04.1984 **Abfindungen** an vorzeitig ausscheidende Arbeitnehmer **bis zum Erreichen der Altersgrenze** zu zahlen hat, **sind** hierfür **Rückstellungen** zu bilden. Für diese Rückstellungen gelten die **Grundsätze** wie für die Bildung von **Pensionsrückstellungen.**
w) Weihnachtsgeld	Eine **Rückstellung** ist zu passivieren in Fällen eines **abweichenden Wirtschaftsjahres**. Die Rückstellung ist **zeitanteilig** insoweit zu bilden, in der die **Ansprüche vor dem Bilanzstichtag verwirklicht** worden sind.

10. Was sind Aufwandsrückstellungen?

Aufwandsrückstellungen können als **Rückstellungen für Innenverpflichtungen** bezeichnet werden, da bei ihnen im Gegensatz zu den Verbindlichkeitenrückstellungen **keine** am Bilanzstichtag geknüpfte **Beziehung** zu **Dritten** besteht. Es handelt sich vielmehr um **im Wirtschaftsjahr** verursachte **Aufwendungen**, die in **Folgejahren** zu **Ausgaben** führen.

11. Welche Voraussetzungen müssen für die Bilanzierung einer Aufwandsrückstellung nach § 249 Abs. 2 HGB erfüllt sein?

Es müssen folgende Voraussetzungen erfüllt sein:

1. Es liegt ein dem **Geschäftsjahr** oder früheren Geschäftsjahren **zuzuordnender Aufwand** vor.
2. Die **Aufwendungen** sind **ihrer Eigenart nach genau umschrieben**.
3. Die **Aufwendungen** sind am Bilanzstichtag **wahrscheinlich** oder **sicher**, die **Höhe oder** der **Zeitpunkt** ihres Eintritts ist **ungewiss**.

12. Unter welchen Voraussetzungen kommt nach § 249 Abs. 1 Satz 2 Nr. 2 HGB eine Rückstellung für Instandhaltung oder Abraumbeseitigung in Betracht?

Nach **§ 249 Abs. 1 Satz 2 Nr. 2 HGB** kommt eine **Rückstellung** für

- **im Geschäftsjahr unterlassene Instandhaltung** in Betracht, sofern die **Arbeiten** in den **ersten drei Monaten** oder
- **für im Geschäftsjahr unterlassene Abraumbeseitigung**, sofern die **Arbeiten** im **folgenden Geschäftsjahr**

nachgeholt werden.

13. Wann liegt eine unterlassene Instandhaltung vor?

Eine **unterlassene Instandhaltung** liegt vor, wenn **unterlassene Erhaltungsarbeiten,** die bis zum Bilanzstichtag bereits **erforderlich** gewesen wären, erst nach dem Bilanzstichtag durchgeführt werden.

14. Kommt eine Rückstellung für unterlassene Instandhaltungsaufwendungen in Betracht, wenn die Erhaltungsaufwendungen erfahrungsgemäß in ungefähr gleichem Umfang und in gleichen Zeitabständen anfallen und turnusgemäß durchgeführt werden?

Bei derartigen Erhaltungsaufwendungen liegt **keine** unterlassene **Instandhaltung** vor. Eine Rückstellung kommt nicht in Betracht (H 31c (11) „Turnusmäßige Erhaltungsarbeiten“ EStH).

15. Ist für unterlassene Instandhaltung, die nach Ablauf von drei Monaten bis Ende des folgenden Geschäftsjahrs nachgeholt werden (§ 249 Abs. 1 Satz 3 HGB), in der Steuerbilanz eine Rückstellung zulässig?

Für diese unterlassene Instandhaltung ist eine Rückstellung in der Steuerbilanz aufgrund des handelsrechtlichen Passivierungswahlrechts **nicht** zulässig (R 31c Abs. 11 Satz 4 EStR).

16. Ist für Kulanzleistungen eine Rückstellung zu bilden?

Nach R 31c Abs. 12 EStR ist eine derartige Rückstellung nur zulässig, wenn sich der Kaufmann dieser Verpflichtung nach den Erfahrungen der Vergangenheit nicht entziehen kann. Dies ist dann der Fall, wenn der **Bilanzierungspflichtige** die **Kulanzleistung** deswegen zukünftig **erbringen muss, weil** er sie **in** der **Vergangenheit erbracht** hat.

17. Unter welchen Voraussetzungen ist eine Rückstellung aufzulösen?

Eine Rückstellung ist aufzulösen, soweit die Gründe hierfür entfallen (R 31c Abs. 13 EStR).

18. Wie sind Rückstellungen zu bewerten?

§ 6 Abs. 1 Nr. 3a EStG enthält mehrere unterschiedliche Bewertungsgrundsätze.

- **Rückstellungen für gleichartige Verpflichtungen:** Beruht eine Rückstellungen auf gleichartigen Verpflichtungen, ist die Wahrscheinlichkeit der Inanspruchnahme von den in der Vergangenheit im Betrieb gemachten Erfahrungen abzuleiten (§ 6 Abs. 1 Nr. 3a Buchst. a EStG). Betroffen von dieser Regelung sind insbesondere Garantie-, Kulanz- und Schadensrückstellungen.
- **Rückstellungen für Sachleistungsverpflichtungen:** Rückstellungen, die keine Geldleistungsverplichtungen darstellen, sind mit den Einzelkosten und den notwendigen Gemeinkosten anzusetzen (§ 6 Abs. 1 Nr. 3a Buchst. b EStG). Nicht zu den notwendigen Gemeinkosten gehören insbesondere der Wertverzehr des

Anlagevermögens, die Kosten der allgemeinen Verwaltung, Aufwendungen für soziale Einrichtungen des Betriebs und die betriebliche Altersversorgung sowie Fremdkapitalzinsen).

- **Gegenrechnung künftiger Vorteile:** Nach § 6 Abs. 1 Nr. 3a Buchst. c EStG sind nicht als Forderung zu aktivierende künftige Vorteile, die mit der Erfüllung der Verpflichtung voraussichtlich verbunden sein werden, bei der Bewertung der Rückstellung wertmindernd zu berücksichtigen.
- **Abzinsung der Rückstellung:** Rückstellungen für Verpflichtungen sind mit einem Zinssatz von 5,5 v.H. abzuzinsen (§ 6 Abs. 1 Nr. 3a Buchst. e EStG).

19. Ein Entwicklungsunternehmen erhält für ein Entwicklungsprojekt eine Zuwendung von öffentlicher Seite. Die Zuwendung ist mit der Auflage verbunden, diese zurückzuzahlen, falls mit dem Projekt nachhaltig Umsätze erzielt werden. Die Rückzahlungsverpflichtung soll nicht wirksam werden, wenn das Entwicklungsunternehmen glaubhaft darlegt, dass das wissenschaftlich-technische Ziel in wichtigen Punkten nicht erreicht wurde oder eine kommerzielle Verwertung nicht möglich ist. Ist für eine eventuelle. Rückzahlung die Bildung einer Rückstellung zulässig?

Nach § 5 Abs. 2a EStG dürfen Rückstellungen für Verpflichtungen, die nur zu erfüllen sind, soweit künftig Einnahmen oder Gewinne anfallen, erst passiviert werden, wenn die Einnahmen oder Gewinne angefallen sind. Solange diese Voraussetzungen nicht vorliegen, ist die Bildung einer Rückstellung nicht zulässig.

20. Aufgrund einer behördlichen Anordnung muss das Unternehmen innerhalb von fünf Jahren eine vollkommen neue Produktionsanlage errichten, die den Kriterien des Umweltrechts entspricht. Die Investitionskosten betragen voraussichtlich 3 Mio. €. Darf die Verpflichtung im Wege einer Rückstellung berücksichtigt werden?

Zur periodengerechten Gewinnabgrenzung bei bilanzierenden Unternehmen muss der Unternehmer für künftige Verpflichtungen, die laufenden Aufwand darstellen, im Jahr der wirtschaftlichen Verursachung gem. § 249 Abs. 1 HGB und § 5 EStG eine **gewinnmindernde Rückstellung** bilden.

Kosten, die im Rahmen einer Anschaffungs- oder Herstellungsmaßnahme für ein Wirtschaftsgut anfallen, stellen jedoch keinen laufenden Aufwand dar. Sie werden erst im Rahmen der Abschreibung des Wirtschaftsguts gewinnmindernd berücksichtigt. Danach darf die Verpflichtung nicht passiviert werden. Die Herstellungskosten für die neue Produktionsanlage sind zu aktivieren und somit nach **§ 5 Abs. 4b Satz 1 EStG** nicht in den Vorjahren zu passivieren.[1]

21. Mit welchem Betrag sind Verbindlichkeiten in der Steuerbilanz anzusetzen?

Verbindlichkeiten sind mit dem **Rückzahlungsbetrag** anzusetzen (§ 253 Abs. 1 Satz 2 HGB). Spiegelbildlich zum Niederstwertprinzip der Aktiva gilt das Höchstwertprinzip. **Steuerrechtlich** erfolgt die Bewertung von Verbindlichkeiten in sinngemäßer Anwendung der Bewertungsvorschriften für das Umlaufvermögen (§ 6 Abs. 1 Nr. 3 EStG). Ein Ansatz eines höheren Wertes ist nur bei einer voraussichtlich dauernden Werterhöhung zulässig. Bei einer voraussichtlich vorübergehenden Werterhöhung darf kein höherer Wert mehr angesetzt werden. Verbindlichkeiten sind mit 5,5 v.H. abzuzinsen. Von der Abzinsung ist **abzusehen**, wenn die Laufzeit der Verbindlichkeit am Bilanzstichtag weniger als 12 Monate beträgt oder die Verbindlichkeit verzinslich ist oder auf einer Anzahlung oder Vorauszahlung beruht (§ 6 Abs. 1 Nr. 3 Satz 2 EStG).

22. Aus welchen Gründen lässt der Gesetzgeber die Bildung steuerfreier Rücklagen vor allem zu?

Der Gesetzgeber lässt die Bildung steuerfreier Rücklagen vor allem zu aus

- **wirtschaftspolitischen Gründen** (z.B. zwecks Förderung bestimmter Regionen oder Branchen sowie zwecks Anpassung und Erhaltung von Unternehmen) oder
- zur **Vermeidung steuersystembedingter Gewinnrealisierungen**, die im Einzelfall unbillig erscheinen.

[1] Vgl. Happe, R., Gestaltungsaspekte aufgrund neuerer gesetzlicher Grundlagen bei den Rückstellungen, StuB 2001, S. 112.

23. Welche Vorteile erzielt der Unternehmer bzw. das Unternehmen im Falle der Bildung steuerfreier Rücklagen?

In der Regel wird mit der Bildung von steuerfreien Rücklagen eine **Verschiebung der Steuerzahlung** erreicht. Damit wird dem Bilanzierenden die Möglichkeit von Liquiditäts- und Zinsvorteilen geboten.

24. Warum wäre es zutreffender, statt von steuerfreien Rücklagen von steueraufschiebenden Rücklagen zu sprechen?

Es wäre zutreffender, statt von steuerfreien Rücklagen von steueraufschiebenden Rücklagen zu sprechen, weil tatsächlich - bei gleichen Steuersätzen - keine endgültige Steuerersparnis, sondern lediglich eine Steuerverschiebung eintritt. Um dies zum Ausdruck zu bringen, wird auch von **sog. steuerfreien Rücklagen** gesprochen.

25. In welcher Bilanzposition sind sog. steuerfreie Rücklagen auszuweisen?

Sog. steuerfreie Rücklagen sind nach § 247 Abs. 3 Satz 2 HGB in der passiven Bilanzposition **„Sonderposten mit Rücklageanteil“** auszuweisen.

26. Welche Bedeutung hat in diesem Zusammenhang die umgekehrte Maßgeblichkeit (§ 5 Abs. 1 Satz 2 EStG)?

Die **Bildung** eines derartigen **Postens** in der **Steuerbilanz** ist an die **Bildung** eines **entsprechenden Postens** in der **Handelsbilanz** gebunden (§ 5 Abs. 1 Satz 2 EStG).

27. Welche Bedeutung hat die Regelung des § 247 Abs. 3 HGB?

Die Regelung des § 247 Abs. 3 HGB entspricht für die Passivseite der Bilanz der Regelung des § 254 HGB für die Aktivseite. Erlaubt das Steuerrecht die Bildung von Passivposten vom Einkommen und vom Ertrag, die handelsrechtlich an sich nicht zulässig wären, gestattet § 247 Abs. 3 Satz 1 HGB diese Ansätze auch in der Handelsbilanz zwecks Gleichklang mit der Steuerbilanz.

28. Welche Bedeutung hat die Unterscheidung zwischen Personenunternehmen einerseits und Kapitalgesellschaften andererseits hinsichtlich der Bildung des Sonderposten für Rücklageanteile für sog. steuerfreie Rücklagen?

Hinsichtlich des Umfangs der steuerrechtlichen Vergünstigungen, für die in der Handelsbilanz Sonderposten mit Rücklageanteil gebildet werden dürfen, muss nach der Gesetzessystematik zwischen Personenunternehmen und Kapitalgesellschaften unterschieden werden. **Personenunternehmen** dürfen nach § 247 Abs. 3 HGB unabhängig von der formellen Maßgeblichkeit im Rahmen der umgekehrten Maßgeblichkeit steuerfreie Rücklagen durch Sonderposten mit Rücklageanteil in die Handelsbilanz übernehmen. **Kapitalgesellschaften** hingegen dürfen derartige Posten nur bei bestehender formeller Maßgeblichkeit im Rahmen der umgekehrten Maßgeblichkeit in die Handelsbilanz übernehmen. Da jedoch die formelle Maßgeblichkeit im Rahmen der umgekehrten Maßgeblichkeit immer gilt, hat die Unterscheidung zwischen Personenunternehmen und Kapitalgesellschaften keine Bedeutung.[1]

29. Welcher Zweck wird mit der Bindung der Handelsbilanz an die Steuerbilanz erreicht?

Mit der Bindung der Handelsbilanz an die Steuerbilanz soll eine Auskehrung der Steuerersparnis in die Konsumsphäre des Anteilseigners verhindert werden.

30. Warum kann beim Sonderposten mit Rücklageanteil von einem Mischposten gesprochen werden?

Dem **Wesen nach** stellt ein für steuerfreie Rücklagen gebildeter Sonderposten mit Rücklageanteil eine **Mischung** zwischen **Fremdkapital** (Rückstellungscharakter hinsichtlich der aufgeschobenen Ertragsteuerzahlungen) und **Eigenkapital** (Gewinnthesaurierung in Höhe des Restbetrages) dar.

[1] In der Vergangenheit wurde lebhaft darüber diskutiert, bei welchen steuerrechtlichen Vorschriften die umgekehrte Maßgeblichkeit gilt. Im Zuge der Einfügung des § 5 Abs. 1 Satz 2 EStG durch das sog. Restantengesetzes vom 22.12.1989 ist klargestellt, dass nunmehr der Ansatz sämtlicher steuerfreien Rücklagen in der Steuerbilanz an einen gleichzeitigen Ansatz in der Handelsbilanz gebunden ist.

31. An welcher Stelle in der Bilanz wird der Sonderposten mit Rücklageanteil ausgewiesen?

Aufgrund des **Mischcharakters** (teils Eigenkapital/teils Fremdkapital) wird der Sonderposten mit Rücklageanteil **zwischen dem Eigen- und Fremdkapital** ausgewiesen. § 273 Satz 2 HGB verlangt den Ausweis vor den Rückstellungen.

32. Welcher Anwendungsbereich hat der Sonderposten mit Rücklageanteil neben der Aufnahme sog. steuerfreier Rücklagen noch?

Der **Sonderposten mit Rücklageanteil** kann bei **Kapitalgesellschaften** über bestimmte „steuerfreie Rücklagen" hinaus **erweitert** werden. Nimmt eine Kapitalgesellschaft **steuerrechtliche Sonder- oder erhöhte Abschreibungen** mit umgekehrter Maßgeblichkeit (§§ 254 i.V.m. 279 Abs. 2 HGB) in der Handelsbilanz vor, so **kann** dies in **direkter** oder **indirekter** Weise erfolgen. Wird die **indirekte** Wertberichtigung gewählt, so **ist** die **steuerrechtliche Mehrabschreibung** in den „**Sonderposten mit Rücklageanteil**" der **Handelsbilanz** aufzunehmen (§ 281 Abs. 1 HGB).
Betragsmäßig darf nur der Unterschied zwischen den rein steuerlichen Sonder- oder erhöhten Abschreibungen einerseits und den handelsrechtlich notwendigen Abschreibungen andererseits berücksichtigt werden.
Da **Kapitalgesellschaften** grundsätzlich **keine passiven Wertberichtigungsposten** (mit Ausnahme der hier beschriebenen, nach § 281 HGB zulässigen) bilden dürfen, muss der **Restbetrag** (= übereinstimmender Teil der handels- und steuerrechtlichen Abschreibung) **aktivisch abgesetzt werden**.
Bei dieser Vorgehensweise bleibt der **Ausweis** des **Anlage- und Umlaufvermögens** von **steuerlichen Einflüssen unberührt**. Während bei der **direkten** Abschreibung der verminderte Wert der Vermögensgegenstände unmittelbar aus der Bilanz ersichtlich ist, müssen bei der **indirekten** Abschreibung die Aktivposten mit dem dazugehörigen Wertberichtigungsposten saldiert werden. Spätestens beim **Ausscheiden** muss der Wertberichtigungsposten **aufgelöst** werden.

33. Die Anschaffungskosten einer Maschine (Anschaffungszeitpunkt Januar 01) betragen 300.000 €. Die Nutzungsdauer beträgt 4 Jahre. Handelsrechtliche Abschreibung: 25 v.H. linear. Im Anschaffungszeitpunkt wird eine Sonderabschrei-

bung nach § 7g EStG in Höhe von 10 v.H. und in den Jahren 02 und 03 von jeweils 5 v.H. jeweils neben der planmäßigen Abschreibung vorgenommen. Wie entwickelt sich der Sonderposten mit Rücklageanteil?

	01	02	03	04
planmäßige Abschreibung Handelsbilanz	75.000	75.000	75.000	75.000
AfA/Sonderabschreibung Steuerbilanz	105.000	90.000	90.000	15.000
Unterschied = Einstellung (+) bzw. Auflösung (./.) des Wertberichtigungspostens	+ 30.000	+ 15.000	+ 15.000	./. 60.000
Sonderposten mit Rücklageanteil	**30.000**	**45.000**	**60.000**	**0**
Bilanzansatz Maschine	225.000	150.000	75.000	0
Aufwand GuV	./. 105.000	./. 90.000	./. 90.000	./. 75.000
Ertrag GuV				+ 60.000
Gewinnauswirkungen insg.	./. 105.000	./. 90.000	./. 90.000	./. 15.000

Bei der planmäßigen handelsrechtlichen Verteilung der Anschaffungskosten auf die voraussichtliche Nutzungsdauer betragen die jährlichen Abschreibungen 75.000 €.

Die steuerlichen Abschreibungen von 105.000 € setzen sich im ersten Jahr aus der Sonderabschreibung von 30.000 € zzgl. der planmäßigen AfA nach § 7 Abs. 1 EStG von 75.000 € zusammen.

In den folgenden zwei Jahren setzt sich die steuerliche Abschreibung von 90.000 € aus Sonderabschreibungen von je 15.000 € und der linearen AfA von je 75.000 € zusammen.

Die Differenz zwischen der planmäßigen handelsrechtlichen und den steuerrechtlichen Abschreibungen in den ersten drei Jahren führt zur Bildung und im vierten Jahr zur Auflösung des passiven Wertberichtigungspostens.

Im Jahr 01 beträgt der Sonderpostenanteil 30.000 €. Der Handelsbilanzansatz der Maschine ergibt sich, in dem von den Anschaffungskosten die aktivisch abzusetzenden handelsrechtlichen Abschreibungen in Höhe von jeweils 75.000 € abgezogen werden.

Der Jahresüberschuss des ersten Jahres wird durch einen Aufwand in Höhe von 105.000 € gemindert.
In der Gewinn- und Verlustrechnung ist der Aufwand in die Posten „Abschreibungen" = 75.000 € (Gliederungsposten Nr. 7a, § 275 Abs. 2 HGB) und „sonstige betriebliche Aufwendungen" = 30.000 € (Gliederungsposten Nr. 8, § 275 Abs. 2 HGB) zu übernehmen.

34. Welches sind wichtige Fälle sog. steuerfreier Rücklagen?

Wichtige Fälle sog. steuerfreier Rücklagen sind:

- die Rücklage nach § 6b EStG und
- die Rücklage für Ersatzbeschaffung nach R 35 EStR.

35. Was ist der wesentliche Zweck der Rücklage nach § 6b EStG (Reinvestitionsrücklage)?

Die **Rücklage nach § 6b EStG** (Reinvestitionsrücklage) soll den Unternehmen behilflich sein, **betriebswirtschaftlich sinnvolle Umstrukturierungen** im **Anlagevermögen** steuerlich nicht zu erschweren. Sie dient der **Begünstigung aufgedeckter stiller Reserven** aufgrund von **Veräußerungen bestimmter Wirtschaftsgüter** des **Anlagevermögens**, wenn innerhalb einer **bestimmten Frist** eine **Reinvestition** durch **Anschaffung** oder **Herstellung bestimmter Wirtschaftsgüter** erfolgt.

36. Unter welchen Voraussetzungen kann eine Rücklage nach § 6b EStG gebildet werden?

Eine Rücklage nach § 6 b EStG kann unter folgenden Voraussetzungen gebildet werden:

- Gewinnermittlung durch Betriebsvermögensvergleich (§ 6b Abs. 4 Nr. 1 EStG),
- ununterbrochene 6-jährige Zugehörigkeit der veräußerten Wirtschaftsgüter zum Anlagevermögen einer inländischen Betriebsstätte im Zeitpunkt der Veräußerung (§ 6b Abs. 4 Nr. 2 EStG),

- Zugehörigkeit des ersatzbeschafften Wirtschaftsgutes zum Anlagevermögen einer inländischen Betriebsstätte des Steuerpflichtigen (§ 6b Abs. 4 Nr. 3 EStG),
- Steuerpflicht des Veräußerungsgewinns im Inland (§ 6b Abs. 4 Nr. 4 EStG),
- buchhalterische Verfolgbarkeit des Abzugs bzw. der steuerfreien Rücklage (§ 6b Abs. 4 Nr. 5 EStG),
- umgekehrte Maßgeblichkeit bei Inanspruchnahme und in den Folgejahren (§ 5 Abs. 1 Satz 2 EStG).

37. Ein Steuerpflichtiger hat mehrere Betriebe, deren Einkünfte zu verschiedenen Einkunftsarten gehören. Ist die Sechsjahresfrist auch dann gewahrt, wenn das veräußerte Wirtschaftsgut innerhalb der letzten sechs Jahre vor der Veräußerung zum Betriebsvermögen verschiedener Betriebe des Steuerpflichtigen gehört?

Die **Sechsjahresfrist** ist auch dann gewahrt, wenn das veräußerte Wirtschaftsgut innerhalb der letzten sechs Jahre vor der Veräußerung zum Betriebsvermögen verschiedener Betriebe des Steuerpflichtigen gehört hat, deren Einkünfte zu verschiedenen Einkunftsarten gehören (R 41c Abs. 1 Satz 3 EStR).

38. Bei einem Gebäude sind nachträgliche Herstellungskosten aufgrund einer Erweiterung entstanden. Haben nachträgliche Herstellungskosten Einfluss auf die Besitzzeit?

Nachträgliche Herstellungskosten haben grundsätzlich **keinen** Einfluss auf die Besitzzeit, und zwar auch dann nicht, wenn es sich bei nachträglichen Herstellungskosten um Aufwendungen für einen Ausbau, einen Umbau oder eine Erweiterung eines Gebäudes handelt. Es dürfen jedoch **keine** selbstständige Gebäudeteile entstehen (R 41c Abs. 3 EStR).

39. Ein Betrieb oder Teilbetrieb geht unentgeltlich auf einen anderen Steuerpflichtigen über. Werden die Besitzzeiten des Rechtsvorgängers angerechnet?

Geht ein Betrieb oder Teilbetrieb **unentgeltlich** auf einen anderen Steuerpflichtigen über, werden Besitzzeiten des Rechtsvorgängers angerechnet, da die **Buchwerte** fortzuführen sind. Der unentgeltliche Erwerber hat die Rücklage fortzuführen. Die

Übertragung zu Zwischenwerten oder zu Teilwerten führen zu einer Unterbrechung der Sechsjahrsfrist (R 41c Abs. 5 EStR).

40. Wie wird der übertragbare Buchgewinn ermittelt?

Der übertragbare Buchgewinn wird wie folgt ermittelt:

Veräußerungserlös
./. Veräußerungskosten
./. Buchwert zur Zeit des Ausscheidens
= übertragbarer Buchgewinn

41. In welchen Fällen erfolgt eine Zwangsauflösung der Rücklage nach § 6b EStG?

Eine **Zwangsauflösung** erfolgt bei Nichtverwendung nach **4 bzw. 6 Folgewirtschaftsjahren**. In diesem Fall erfolgt eine **pauschale Verzinsung** der Rücklage mit **6 v.H. je Wirtschaftsjahr** (§ 6b Abs. 3, 7 EStG).

42. Welches ist der Kreis der begünstigten Veräußerungs- und Reinvestionsgüter?

Folgende Übertragungsvorgänge sind begünstigt:[1]

Veräußerungsgewinn aus:	**Übertragung auf:**
Grund und Boden	a) Grund und Boden b) Aufwuchs auf Grund und Boden* c) Gebäude
Aufwuchs auf Grund und Boden*	a) Aufwuchs auf Grund und Boden* b) Gebäude
Gebäude	Gebäude

*Aufwuchs auf Grund und Boden mit dem dazugehörenden Grund und Boden, wenn der Aufwuchs zu einem land- und forstwirtschaftlichen Betriebsvermögen gehört.

[1] Die Übertragungsvorgänge beziehen sich auf solche Vorgänge, die nach dem 31.12.1998 noch begünstigt sind.

43. Welche Veräußerungen und Reinvestitionen sind nicht begünstigt?

Folgende Veräußerungen und Reinvestitionen sind nicht begünstigt:[1]

Veräußerungsgewinn aus:	Reinvestitionsgut
Grund und Boden	a) abnutzbares bewegliches Wirtschaftsgut b) Anlagen im Grund und Boden
Aufwuchs auf Grund und Boden (im land- und forstwirtschaftlichen Betriebsvermögen)	a) abnutzbares bewegliches Wirtschaftsgut b) Anlagen im Grund und Boden
Anlagen im Grund und Boden (im land- und forstwirtschaftlichen Betriebsvermögen)	a) abnutzbares bewegliches Wirtschaftsgut b) Aufwuchs auf Grund und Boden c) Anlagen im Grund und Boden d) Gebäude
Gebäuden	abnutzbares bewegliches Wirtschaftsgut
abnutzbaren beweglichen Wirtschaftsgütern	abnutzbares bewegliches Wirtschaftsgut
Schiffen	abnutzbares bewegliches Wirtschafsgut
Anteilen an Kapitalgesellschaften	a) abnutzbares bewegliches Wirtschaftsgut b) Gebäude c) Anteile an Kapitalgesellschaften
lebendem Inventar (bei Betriebsumstellung in der Land- und Forstwirtschaft)	abnutzbares bewegliches Wirtschaftsgut

44. Was umfasst der Grund und Boden nach § 6b EStG?

Der Grund und Boden nach § 6b EStG umfasst nur den „nackten" Grund und Boden. Nicht zum Grund und Boden nach § 6b EStG und damit nicht zu den begünstigen Wirtschaftsgütern rechnen Wirtschaftsgüter wie Gebäude, Bodenschätze (soweit sie als Wirtschaftsgut bereist entstanden sind), grundstücksgleiche Rechte, Be-

[1] Veräußerungen und Reinvestitionen, die nach dem 31.12.1998 nicht mehr begünstig sind.

und Entwässerungsanlagen, stehendes Holz, Obst- und Baumschulanlagen, Korbweidekulturen, Rebanlagen, Spargelanlagen, Feldinventar, Rechte, den Grund und Boden zu nutzen.

45. Welche Wirtschaftsgüter rechnen zum Aufwuchs auf Grund und Boden?

Aufwuchs auf Grund und Boden sind **Pflanzen**, die auf Grund und Boden gewachsen sind und noch darin verwurzelt sind.

46. Unter welcher Voraussetzung ist die Veräußerung von Pflanzen begünstigt?

Die Veräußerung von Pflanzen ist nur begünstigt, wenn sie zu einem **land- und forstwirtschaftlichen Betriebsvermögen** gehören.

47. Was ist eine Gebäude nach § 6b EStG?

Ein Gebäude ist ein Bauwerk auf eigenem oder fremden Grund und Boden, das Menschen oder Sachen durch räumliche Umschließung Schutz gegen äußere Einflüsse gewährt, den Aufenthalt von Menschen gestattet, fest mit dem Grund und Boden verbunden, von einiger Beständigkeit und standfest ist. Es sind die **Abgrenzungsmerkmale des Bewertungsrechts** maßgebend.

48. Welche Sachverhalte stehen der Anschaffung oder Herstellung von Gebäuden gleich?

Der Anschaffung oder Herstellung von Gebäuden steht ihre Erweiterung, ihr Ausbau oder ihr Umbau gleich. Der Abzug ist in diesem Fall von dem Aufwand für die Erweiterung, den Ausbau oder den Umbau der Gebäude zulässig (§ 6b Abs. 1 Sätze 3 und 4 EStG).

49. Welche Sachverhalte fallen unter den Begriff der Veräußerung im Sinne des § 6b EStG?

Veräußerung ist die **entgeltliche Übertragung** des zivilrechtlichen oder zumindest des wirtschaftlichen Eigentums an einem Wirtschaftsgut. Auch der Tausch von Wirtschaftsgütern ist eine Veräußerung (R 41a Abs. 2 Satz 3 EStR).

50. Stellt die Übertragung von Wirtschaftsgütern aus einem Betrieb in einen anderen Betrieb des Steuerpflichtigen eine Veräußerung im Sinne des § 6b EStG dar?

Die Übertragung von Wirtschaftsgütern aus einem Betrieb in einen anderen Betrieb des Steuerpflichtigen stellt **keine** Veräußerung im Sinne des § 6b EStG dar (R 41a Abs. 2 Satz 4 EStR).

51. Stellt die Überführung von Wirtschaftgütern aus dem Betriebsvermögen in das Privatvermögen eine Veräußerung im Sinne des § 6b EStG dar?

Die Überführung von Wirtschaftsgütern aus dem Betriebsvermögen in das Privatvermögen stellt **keine** Veräußerung im Sinne des § 6b EStG dar (R 41a Abs. 2 Satz 4 EStR).

52. Stellt das Ausscheiden von Wirtschaftsgütern infolge höherer Gewalt eine nach § 6b EStG begünstige Veräußerung dar?

Das Ausscheiden von Wirtschaftsgütern infolge höherer Gewalt stellt **keine** nach § 6b EStG begünstigte Veräußerung dar (R 41a Abs. 2 Satz 4 EStR).

53. Welchem Zweck dient die Rücklage für Ersatzbeschaffung nach R 35 EStR?

R 35 EStR begünstigt die **Übertragung stiller Reserven**, die durch eine **Maßnahme** aufgedeckt werden, die der Steuerpflichtige **nicht abwenden konnte**. Während die Bildung einer steuerfreien Rücklage nach § **6b EStG** nur bei **aufgedeckten stillen Reserven** von Wirtschaftsgütern des **Anlagevermögens** zulässig ist, ist die Bildung einer steuerfreien Rücklage nach **R 35 EStR** sowohl für aufgedeckte stille

Reserven von Wirtschaftsgütern des **Anlagevermögens** wie auch die des **Umlaufvermögens** möglich.

54. Unter welchen Voraussetzungen ist R 35 EStR anwendbar?

R 35 EStR ist anwendbar, wenn

1. ein **Wirtschaftsgut** des **Anlage- oder Umlaufvermögens** infolge **höherer Gewalt** oder infolge oder zur **Vermeidung eines behördlichen Eingriffs** gegen Entschädigung aus dem Betriebsvermögen ausscheidet,
2. innerhalb einer bestimmen Frist ein funktionsgleiches Wirtschaftsgut (Ersatzwirtschaftsgut) angeschafft oder hergestellt wird, auf dessen Anschaffungs- oder Herstellungskosten die aufgedeckten stiller Reserven übertragen werden, und
3. in dem handelsrechtlichen Jahresabschluss entsprechend verfahren wird (R 35 Abs. 1 Satz 2 EStR).

55. Innerhalb welcher Frist ist die Rücklage bei fehlender Ersatzbeschaffung nach R 35 Abs. 4 Sätze 3 - 5 EStR aufzulösen?

Nach R 35 Abs. 4 Satz 3 EStR ist eine Rücklage, die aufgrund des Ausscheidens eines **beweglichen Wirtschaftsgutes** gebildet wurde, bei fehlender Ersatzbeschaffung am Schluss des **ersten** auf ihre Bildung folgenden Wirtschaftsjahres gewinnerhöhend aufzulösen. Für **Grundstücke oder Gebäude** verdoppelt sich diese Frist nach R 35 Abs. 4 Satz 4 EStR.
War der Steuerpflichtige an der Ersatzbeschaffung gehindert, plant er aber weiterhin ernsthaft eine Ersatzbeschaffung und macht er dies glaubhaft, können die Fristen von einem oder zwei Jahren **verlängert** werden (R 35 Abs. 4 Satz 5 EStR).

56. Wie ist zu verfahren, wenn die Entschädigung höher ist als die Anschaffungs- oder Herstellungskosten des Ersatzwirtschaftsgutes (sog. Mehrentschädigung)?

In diesem Fall können die **aufgedeckten stillen Reserven** nur **anteilig** auf das Ersatzwirtschaftsgut übertragen werden (H 35 (3) „Mehrentschädigung" EStH).

57. Der letzte Buchwert des ausgeschiedenen Wirtschaftsguts beträgt 30.000 €. Die Entschädigung für das ausgeschiedene Wirtschaftsgut beträgt 50.000 €. Die Anschaffungskosten des Ersatzwirtschaftsguts betragen 40.000 €. In welcher Höhe kann die stille Reserve in Höhe von 20.000 € übertragen werden?

Die stille Reserve kann in Höhe von (20.000 x 40.000)/50.000 = 16.000 € übertragen werden. Das Ersatzwirtschaftsgut wird angesetzt mit (40.000 € ./. 16.000 €) = 24.000 €. Es entsteht ein steuerpflichtiger Gewinn in Höhe der nicht übertragbaren stillen Reserven (20.000 € ./. 16.000 €) = 4.000 € (H 35 (3) „Mehrentschädigung" EStH).

58. Kann auch im Falle der Beschädigung von Wirtschaftsgütern eine Rücklage für Ersatzbeschaffung in Betracht kommen?

Im Falle der **Beschädigung** von **Wirtschaftsgütern** kann im Wirtschaftsjahr der **Entstehung** des **Entschädigungsanspruchs** eine **Rücklage** für **Ersatzbeschaffung** gebildet werden, wenn die **Reparatur** in einem späteren Wirtschaftsjahr erfolgt. Ist die Reparatur **am Ende** des **zweiten** auf die **Bildung der Rücklage folgenden Wirtschaftsjahrs** noch nicht erfolgt, ist die Rücklage zu diesem Zeitpunkt **aufzulösen** (R 35 Abs. 7 EStR).

59. Ist bei Auflösung der Rücklage für Ersatzbeschaffung nach R 35 EStR ein Gewinnzuschlag entsprechend § 6b EStG vorzunehmen?

Wird die **Ersatzbeschaffung nicht fristgerecht** durchgeführt, so ist die **Rücklage** für Ersatzbeschaffung zwar **erfolgswirksam aufzulösen**. Ein **Gewinnzuschlag** wie bei **§ 6b EStG** erfolgt aber nicht.

8. Bilanzänderung und Bilanzberichtigung

Literaturhinweise: BMF-Schreiben vom 18.5.2000. Bilanzänderung nach § 4 Abs. 2 EStG in der Fassung des Steuerbereinigungsgesetzes 1999, BStBl I 2000, S. 587; Falterbaum, H./Bolk, W./Reiß, W./Eberhart, R., Buchführung und Bilanz, 18. Aufl., Achim 2001, S. 955 ff.; Schoor, W., Bilanzänderung nach dem Steuerbereinigungsgesetz 1999, Steuerstud 2000, S. 389 ff.

1. Was versteht man steuerrechtlich unter Bilanzberichtigung?

Unter **Bilanzberichtigung** wird steuerrechtlich die Ersetzung eines **unrichtigen** Bilanzansatzes durch einen zutreffenden, d.h. **richtigen** Bilanzansatz, verstanden (R 15 Abs. 1 EStR).

2. Was versteht man steuerrechtlich unter Bilanzänderung?

Unter **Bilanzänderung** wird steuerrechtlich die Änderung eines **zulässigen** Bilanzansatzes durch einen **anderen zulässigen** Bilanzansatz verstanden (R 15 Abs. 2 Satz 2 EStR).

3. Unter welchen Voraussetzungen ist eine Bilanzänderung zulässig?

Nach § 4 Abs. 2 Satz 2 EStG ist eine Bilanzänderung nur zulässig, wenn

- sie in einem engen zeitlichen und sachlichen Zusammenhang mit einer Bilanzberichtigung steht und
- soweit die Auswirkung der Bilanzberichtigung auf den Gewinn reicht.

4. Auf welche Sachverhalte bezieht sich eine Bilanzberichtigung?

Eine Bilanzberichtigung bezieht sich auf den **unrichtigen** Ansatz von aktiven und passiven Wirtschaftsgütern einschließlich Rückstellungen sowie Rechnungsabgrenzungsposten dem Grunde und der Höhe nach. Eine Änderung des steuerlichen Gewinns ohne Auswirkung auf den Ansatz eines Wirtschaftsguts oder eines

Rechnungsabgrenzungspostens ist daher keine Bilanzberichtigung (H 15 „Bilanzberichtigung“ EStH).

5. Der Steuerpflichtige S ist freiberuflich tätig. Er hat Ende 01 einen zu seinem Betriebsvermögen gehörenden Mandantenparkplatz mit seinem Buchwert von 50.000 € in sein Privatvermögen überführt. Bei einer Außenprüfung stellt sich heraus, dass der Teilwert des Grundstücks im Zeitpunkt der Entnahme 80.000 € betragen hat, was zu einer Gewinnerhöhung für das Jahr 01 von 30.000 € führt. S macht im Wege einer Bilanzänderung zum Ausgleich dieser Gewinnerhöhung Sonderabschreibungen von 30.000 € geltend. Ist die Bilanzänderung zulässig?

Eine Bilanzberichtigung bezieht sich auf den unrichtigen Ansatz von aktiven und passiven Wirtschaftsgütern einschließlich Rückstellungen sowie Rechnungsabgrenzungsposten dem Grunde und der Höhe nach (H 15 „Bilanzberichtigung“ EStH). Die Änderung des steuerlichen Gewinns durch den Außenprüfer ist ohne Auswirkung auf den Ansatz eines Wirtschaftsguts oder eines Rechnungsabgrenzungspostens und daher keine Bilanzberichtigung. Nach Ansicht der Finanzverwaltung liegen die Voraussetzungen für eine Bilanzänderung nicht vor.[1]

6. Ist eine Bilanzänderung nach § 4 Abs. 2 Satz 2 EStG von der Zustimmung des Finanzamts abhängig?

Die Bilanzänderung ist entgegen früherem Recht nicht mehr von der Zustimmung des Finanzamts abhängig.

7. Bei dem Steuerpflichtigen S, der seinen Gewinn durch Betriebsvermögensvergleich nach § 5 Abs. 1 EStG ermittelt, wird im April 04 eine Außenprüfung für die Jahre 01 bis 03 durchgeführt. Die Veranlagungen 01 bis 03 stehen unter dem Vorbehalt der Nachprüfung nach § 164 Abs. 1 AO. Der Betriebsprüfer stellt fest, dass S seine Forderungen zum 31.12.03 um 50.000 € zuzüglich Umsatzsteuer zu niedrig ausgewiesen hat, so dass der Gewinn 03 um 50.000 € zu

[1] Vgl. BMF-Schreiben vom 18.5.2000, BStBl I 2000, S. 587; Schoor, W., Bilanzänderung nach dem Steuerbereinigungsgesetz 1999, Steuerstud 2000, S. 394.

niedrig angesetzt worden ist. Der Einkommensteuer-Änderungsbescheid für 03 geht S im August 04 zu. Er legt gegen den Steuerbescheid Einspruch ein und beantragt eine Bilanzänderung dergestalt, dass sein Anfang 03 für 100.000 € angeschaffter Betriebs-Pkw nunmehr degressiv nach § 7 Abs. 2 EStG (statt linear nach § 7 Abs. 1 EStG) abgeschrieben wird, was zu einer Gewinnminderung von 10.000 € führt. Liegen die Voraussetzungen für eine Bilanzänderung vor?

Erste Voraussetzung für eine Bilanzänderung ist, dass eine **Bilanzberichtigung** vorgenommen wurde, d. h. dass ein falscher Bilanzansatz durch einen richtigen Bilanzansatz ersetzt wurde. Von wem (Finanzamt oder Steuerpflichtiger) die Bilanzberichtigung veranlasst wurde, ist ohne Belang. Die Voraussetzung „Vornahme einer Bilanzberichtigung" ist hier erfüllt, weil die Forderungen des S um 50 000 € (netto) zu niedrig ausgewiesen worden sind.
Des Weiteren muss die vom Steuerpflichtigen beantragte Bilanzänderung in einem **engen zeitlichen und sachlichen Zusammenhang** mit dieser Bilanzberichtigung stehen. Ein enger zeitlicher Zusammenhang liegt nach Auffassung der Finanzverwaltung nur vor, wenn die Bilanz **„unverzüglich"** nach einer Bilanzberichtigung geändert wird.[1] Von einem engen zeitlichen Zusammenhang ist auszugehen, wenn der Steuerpflichtige als Reaktion auf eine Bilanzberichtigung zeitnah einen Antrag auf Bilanzänderung stellt. Ein enger zeitlicher und sachlicher Zusammenhang mit einer Bilanzberichtigung ist auch noch gegeben, wenn bei einer Außenprüfung eine Bilanzberichtigung erfolgt ist und der Steuerpflichtige im Einspruchsverfahren gegen den infolge der Außenprüfung ergangenen Steuerbescheid die Bilanzänderung geltend macht.[2] Die Voraussetzungen für eine Bilanzänderung liegen insoweit vor.

8. Muss sich der „enge zeitliche und sachliche Zusammenhang zwischen Bilanzberichtigung und Bilanzänderung" auf dieselbe Bilanz beziehen?

Der **enge zeitliche und sachliche Zusammenhang** zwischen Bilanzberichtigung und Bilanzänderung setzt voraus, dass sich beide Maßnahmen auf **dieselbe Bilanz** beziehen.[3]

---

[1] Vgl. BMF-Schreiben vom 18.5.2000, BStBl I 2000, S. 587.
[2] Vgl. Schoor, W., Bilanzänderung nach dem Steuerbereinigungsgesetz 1999, SteuerStud 2000, S. 390.
[3] Vgl. BMF-Schreiben vom 18.5.2000, a.a.O., S. 587.

9. Beim Steuerpflichtigen S wird im Jahr 04 für die Jahre 01 bis 03 eine Außenprüfung durchgeführt, die für das Jahr 03 infolge einer Bilanzberichtigung zu einer Gewinnerhöhung von 60.000 € führt. Die Voraussetzungen für eine zu einer Gewinnminderung von 60.000 € führenden Bilanzänderung liegen nur in 02, nicht dagegen im Jahr 03 vor. Ist eine Bilanzänderung zulässig?

Nach Auffassung der Finanzverwaltung muss die Bilanzberichtigung zu einer Auswirkung auf den Gewinn des Jahres führen, für das eine Bilanzänderung beantragt wird.[1] Dementsprechend kann hier die Gewinnerhöhung des Jahres 03 **nicht** durch eine zu einer Gewinnminderung im Jahr 02 führenden Bilanzänderung kompensiert werden.[2]

10. Der Steuerpflichtige S ist selbstständig tätig. Bei einer Außenprüfung im Jahr 04 stellt der Prüfer fest, dass S die Debitoren zum Bilanzstichtag 31.12.03 um 20.000 € zuzüglich Umsatzsteuer zu niedrig bewertet hat. S beantragt in der Schlussbesprechung eine Bilanzänderung. Er nimmt im Wirtschaftsjahr 03 nachträglich Sonderabschreibungen nach § 7g Abs. 1 EStG in Höhe von 25.000 € vor. Ist eine Bilanzänderung in Höhe der Sonderabschreibung von 25.000 € zulässig?

Eine Bilanzänderung als Folge einer Bilanzberichtigung ist nach § 4 Abs. 2 Satz 2 EStG zulässig, **„soweit"** die Auswirkung der Bilanzberichtigung auf den Gewinn reicht. Konkret bedeutet dies, dass der Steuerpflichtige Steuernachforderungen, die auf einer unrichtigen Bilanzierung beruhen, durch eine Bilanzänderung entgehen kann. Vorliegend ist die Bilanzänderung somit auf den Betrag **begrenzt**, um den die Bilanzberichtigung zu einer Auswirkung auf den Gewinn geführt hat. Da die Erhöhung der Debitoren sich nur in Höhe von 20.000 € gewinnerhöhend ausgewirkt hat, kann S nur Sonderabschreibungen in dieser Höhe vornehmen. Die Bilanzänderung ist also auf den Betrag von 20.000 € begrenzt.[3]

11. Kann eine Bilanz, die einer bestandskräftigen Veranlagung zugrunde liegt, geändert werden?

---

[1] Vgl. BMF-Schreiben vom 18.5.2000, a.a.O., S. 587.
[2] Vgl. Schoor, W., a.a.O., S. 390 f.
[3] Vgl. Schoor, W., a.a.O., S. 391 f.

Eine Bilanz, die einer bestandskräftigen Veranlagung zugrunde liegt, kann insoweit geändert werden, als die Vorschriften der Abgabenordnung, insbesondere nach § 164 Abs. 1 AO oder § 173 AO, noch geändert werden kann oder die Bilanzberichtigung sich auf die Höhe der veranlagten Steuer nicht auswirkt (H 15 „Berichtigung einer Bilanz, die einer bestandskräftigen Veranlagung zugrunde liegt" EStH).

12. Eine Bilanz, die einer bestandskräftigen Veranlagung zugrunde liegt, wird berichtigt. In welcher Bilanz erfolgt die Berichtigung?

Ein unrichtiger Bilanzansatz ist in ersten Schlussbilanz richtig zu stellen, in der dies unter Beachtung der für den Eintritt des Bestandskraft und der Verjährung maßgebenden Vorschriften möglich ist (H 15 „Richtigstellung eines unrichtigen Bilanzansatzes" EStH). Die Berichtigung der **Anfangsbilanz** kommt nur in Betracht, wenn ein Steuerpflichtiger zur Erlangung beachtlicher Steuervorteile Bilanzposten unrichtig angesetzt hat, ohne dass die Möglichkeit besteht, die Veranlagung des Jahres zu ändern, bei der sich der unrichtige Bilanzansatz ausgewirkt hat (H 15 „Berichtigung einer Bilanz, die einer bestandskräftigen Veranlagung zugrunde liegt" EStH).

13. Welches sind Beispiele für relativ häufig vorkommende Bilanzänderungen?

Beispiele für relativ häufig vorkommende **Bilanzänderungen** sind:

- Wahl einer anderen AfA-Methode (z.B. vorzeitiger Übergang von der degressiven AfA zur linearen AfA nach § 7 Abs. 3 EStG oder Sofortabschreibung geringwertiger Wirtschaftsgüter statt Abschreibung über die betriebsgewöhnliche Nutzungsdauer);
- Inanspruchnahme von Steuervergünstigungen (z.B. erhöhte Absetzungen, Sonderabschreibungen, Bildung steuerfreier Rücklagen).

14. Können tatsächliche Geschäftsvorfälle, wie z.B. eine Veräußerung, Entnahme oder Einlage eines Wirtschaftsguts, durch eine Bilanzänderung rückgängig gemacht werden?

Eine Bilanzänderung ist nur zulässig, wenn ein steuerrechtliches Bilanzierungs- oder Bewertungswahlrecht besteht. Tatsächliche Geschäftsvorfälle können durch eine Bilanzänderung **nicht** rückgängig gemacht werden.

15. Der Steuerpflichtige S hat sich über am Bilanzstichtag objektiv gegebene tatsächliche und rechtliche Verhältnisse geirrt. Kommt eine Bilanzänderung in Betracht?

Hat sich der Steuerpflichtige über am Bilanzstichtag objektiv gegebene tatsächliche und rechtliche Verhältnisse **geirrt**, so wird und darf das Finanzamt die Bilanz **nicht** ändern. Das Bestehen eines Wahlrechts als Grundvoraussetzung für eine Bilanzänderung ist in derartigen Fällen **nicht** gegeben.

16. Ein Steuerpflichtiger hat zum Anschaffungspreis von 20.000 € Aktien gekauft und als Betriebsvermögen ausgewiesen. Nachdem der Kurswert erheblich gestiegen ist, beantragt er, die Aktien von Anfang an als Privatvermögen zu behandeln. Wird der Steuerpflichtige mit seinem Antrag Erfolg haben?

Das Finanzamt kann dem Antrag des Steuerpflichtigen nicht stattgeben. Eine rückwirkende Überführung ins Privatvermögen ist nicht möglich. Lediglich durch eine erfolgswirksame Entnahme können die Aktien ins Privatvermögen überführt werden. Dabei wird die inzwischen eingetretene Kurssteigerung als Gewinn ausgewiesen.

17. Beim Einzelgewerbetreibenden E wird im Juni 04 eine Außenprüfung für die Jahre 01 bis 03 durchgeführt. Die Außenprüfung führt infolge einer Bilanzberichtigung zu einer Erhöhung des Gewinns aus Gewerbebetrieb für das Jahr 03 in Höhe von 30.000 €. E beantragt, die Bilanz zum 31.12.03 in der Weise zu ändern, dass 1.000 Aktien der X-AG, die der Anfang 03 für 60.000 € erworben hat und deren Kurswert am 31.12.03 nur noch 30.000 € beträgt, als gewillkürtes Betriebsvermögen behandelt und in die Bilanz zum 31.12.03 aufgenommen werden. Dadurch würde der Kursverlust in den betrieblichen Bereich verlegt. Ist die Bilanzänderung zulässig?

Eine Bilanzänderung setzt voraus, dass der Steuerpflichtige für ein Wirtschaftsgut zwischen mehreren Bilanzansätzen wählen kann. Dass Wahlrecht muss nach den steuerrechtlichen Gewinnermittlungsvorschriften bestehen. Gegenstand einer Bilanzänderung können somit Bewertungs- und Ansatzwahlrechte sein. Tatsächliche Geschäftsvorfälle können nicht durch eine Bilanzänderung rückgängig gemacht werden oder in einen späteren oder früheren Veranlagungszeitraum verlagert werden. Die rückwirkend Einlage beinhaltet eine rückwirkende Sachverhaltsgestaltung und ist daher steuerrechtlich nicht zulässig. Dem Antrag des E kann nicht entsprochen werden, da die Buchung einer Einlage nicht nachgeholt werden kann.[1]

18. In welchen Fällen kommen Bilanzberichtigungen in der Praxis vor allem vor?

Bilanzberichtigungen kommen in der **Praxis** vor allem in Betracht

- bei einer **unrichtigen Bewertung** und
- bei einer **unrichtiger Erfassung von Wirtschaftsgütern**.

19. Wirtschaftsgüter des notwendigen Privatvermögens wurden zu Unrecht als Betriebsvermögen bilanziert. Wirtschaftsgüter des notwendigen Betriebsvermögens wurden nicht bilanziert. Wie ist zu verfahren?

Wurden Wirtschaftsgüter des notwendigen Privatvermögens zu Unrecht als Betriebsvermögen bilanziert, so sind diese mit dem Buchwert und damit erfolgsneutral auszubuchen.
Wurden umgekehrt Wirtschaftsgüter des notwendigen Betriebsvermögens nicht bilanziert, so sind diese mit dem Wert einzubuchen, mit dem sie von Anfang an bei richtiger Bilanzierung zu Buche stehen würden. Zwischenzeitlich vorzunehmende Abschreibungen können steuerlich aber nur insoweit erfasst werden, als Bescheide noch berichtigungsfähig sind.

[1] Vgl. Schoor, W., Bilanzänderung nach dem Steuerbereinigungs-Gesetz 1999, SteuerStud 2000, S. 389 f.

20. Können erfolgswirksame Bilanzberichtigungen den Gewinn mehrerer Wirtschaftsjahre beeinflussen?

Erfolgswirksame Bilanzberichtigungen können neben dem Gewinn des abgelaufenen Wirtschaftsjahres auch den **Gewinn des Folgejahres** oder gar **mehrerer folgender Jahre beeinflussen**.

21. Ein Kaufmann hat in seiner Schlussbilanz zum 31.12.00 seine Warenvorräte um 20.000 € zu niedrig bewertet. Dieser Tatbestand wird bei einer Außenprüfung im nachfolgenden Wirtschaftsjahr festgestellt. Wirkt sich die Bilanzberichtigung zum 31.12.00 auch auf das Folgejahr aus?

Da die zu berichtigende Schlussbilanz zugleich die berichtigte Anfangsbilanz für das Folgejahr darstellt, wirkt sich die Berichtigung aufgrund der Zweischneidigkeit der Bilanzansätze auch auf das Folgejahr aus. Für das Geschäftsjahr 00 ergibt sich eine Gewinnerhöhung von 20.000 €, für das Geschäftsjahr 01 eine Gewinnminderung um 20.000 €. Wäre der fehlerhafte Bilanzansatz vom Betriebsprüfer nicht entdeckt worden, so wäre damit aber nicht zwangsläufig eine **endgültige Steuerersparnis** verbunden gewesen. Im Jahre 00 wäre der Gewinn zwar um 20.000 € zu niedrig gewesen. Im Folgejahr wäre bei Veräußerung der zu niedrig bewerteten Waren ein um 20.000 € höherer Gewinn erzielt worden. Diese Folgewirkung der Zweischneidigkeit der Bilanzansätze ergibt sich auch bei zulässiger Beeinflussung der Bilanzansätze im Wege der Ausübung von Wahlrechten.

22. Welche Gewinnauswirkungen ergeben sich aufgrund von Bilanzberichtigungen?

Wird eine Bilanzberichtigung eines aktiven oder passiven Bilanzpostens nicht durch eine Berichtigung eines anderen Bilanzpostens im Ergebnis ausgeglichen, dann ändert sich das Betriebsvermögen und damit der Gewinn wie folgt:

- Erhöhung eines Aktivpostens oder Minderung eines Passivpostens = Erhöhung des Betriebsvermögens (Gewinnerhöhung);

- Erhöhung eines Passivpostens oder Minderung eines Aktivpostens = Minderung des Betriebsvermögens (Gewinnminderung);
- Erhöhung von Entnahmen oder Minderung von Einlagen = Gewinnerhöhung;
- Erhöhung der Einlagen oder Minderung der Entnahmen = Gewinnminderung.

9. Mehr- und Weniger-Rechnung

Literaturhinweis: Falterbaum, H./Bolk, W./Reiß, W./Eberhart, R., Buchführung und Bilanz, 18. Aufl., Achim 2001, S. 978 ff.

1. Was wird unter einer Mehr- und Weniger-Rechnung (Plus-Minus-Rechnung) verstanden?

Unter der **Mehr- und Weniger-Rechnung** (Plus-Minus-Rechnung) fasst man alle diejenigen Verfahren zusammen, nach denen eine Vielzahl einzelner Gewinnänderungen ohne Zuhilfenahme der Buchführungstechnik zunächst ermittelt und anschließend zu Kontrollzwecken zusammengezählt werden.

2. Was ist Sinn und Zweck der Mehr- und Weniger-Rechnung (Plus-Minus-Rechnung)?

Sinn und Zweck der Mehr- und Weniger-Rechnung ist es,

1. die berichtigte Bilanz rechnerisch zu verproben,
2. die gewinnmäßigen Auswirkungen der Berichtigungsfeststellungen zu kontrollieren und
3. den berichtigten Gewinn in kürzester Zeit ohne Um- und Nachbuchungen festzustellen.

3. Welches sind die Anwendungsbereiche der Mehr- und Weniger-Rechnung?

Die Mehr- und Weniger-Rechnung findet vor allem Anwendung bei einer Berichtigung des vom Steuerpflichtigen ermittelten Gewinns bei der Veranlagung oder bei Berichtigung des der Veranlagung zugrunde gelegten Gewinns anlässlich einer allgemeinen **Außenprüfung** (Betriebsprüfung).

4. Nach welchen beiden Methoden erfolgt die Mehr- und Weniger-Rechnung?

Die Mehr- und Weniger-Rechnung erfolgt entsprechend der zweifachen Darstellung des Gewinns im Jahresabschluss durch die **Bilanz** einerseits und die **GuV** andererseits. Es wird daher zwischen der **Bilanzposten-Methode** und der **GuV-Methode** unterschieden.

5. Von welchen Gewinnbegriffen gehen die beiden Methoden aus?

Die Bilanzposten-Methode geht vom Gewinnbegriff des § 4 Abs. 1 Satz 1 EStG aus, die GuV-Methode vom Gewinnbegriff der GuV.

6. Worin können Gewinnänderungen nach der Bilanzpostenmethode liegen?

Ursachen von Gewinnänderungen nach der Bilanzposten-Methode können in einer Berichtigung

- des Betriebsvermögens am Schluss des Wirtschaftsjahres
- und/oder des Betriebsvermögens am Schluss des vorangegangenen Wirtschaftsjahres
- und/oder der Entnahmen/Einlagen

liegen.

7. Welche Gewinnauswirkung ergibt sich
a) aus einer Erhöhung/Verminderung des Betriebsvermögens am Schluss des vorangegangenen Wirtschaftsjahres,
b) aus einer Erhöhung/Verminderung der Entnahmen/Einlagen?

a) Aus einer Erhöhung (Verminderung) des Betriebsvermögens am Schluss des vorangegangenen Wirtschaftsjahres ergibt sich eine gleich große Verminderung (Erhöhung) des Gewinns.
b) Aus einer Erhöhung der Entnahmen ergibt sich eine gleich hohe Erhöhung des Gewinns. Eine Erhöhung der Einlagen ergibt eine gleich hohe Verminderung des Gewinns.

8. Wie verändert sich das Betriebsvermögen bei der Erhöhung/Verminderung eines Aktivpostens/Passivpostens?

Eine Erhöhung (Verminderung) eines Aktivpostens führt zu einer Gewinnerhöhung (Gewinnminderung). Eine Erhöhung (Minderung) eines Passivpostens führt zu einer Gewinnminderung (Gewinnerhöhung).

9. Welche Aussage kann über die Gewinnauswirkung im folgenden Wirtschaftsjahr (Folgewirkung) getroffen werden?

Folgewirkungen im Folgejahr ergeben sich nur bei Erhöhung/Verminderung eines Aktiv- oder Passivpostens.

10. Welche Folgewirkungen ergeben sich auf den Gewinn und Verlust, wenn der Wert der Entnahmen/Einlagen eines Wirtschaftsjahres berichtigt wird?

Die Änderung von Entnahmen/Einlagen hat **keine Folgewirkungen**.

11. Was versteht man unter dem Bilanzenzusammenhang?

Die Schlussbilanz eines Wirtschaftsjahrs bildet die Anfangsbilanz des nächstfolgenden Wirtschaftsjahres.

12. Worin kann die Ursache für eine Gewinnänderung nach der GuV-Methode liegen?

Bei der **GuV-Methode** kann eine Gewinnänderung nur durch Berichtigung mindestens eines **Ertrags- oder Aufwandspostens** hervorgerufen werden.

Literaturverzeichnis

BMF-Schreiben vom 18.5.2000. Bilanzänderung nach § 4 Abs. 2 EStG in der Fassung des Steuerbereinigungsgesetzes 1999, BStBl I 2000, S. 587.

Happe, R., Gestaltungsaspekte aufgrund neuerer gesetzlicher Grundlagen bei den Rückstellungen, StuB 2001, S. 112.

Schoor, W., Bilanzänderung nach dem Steuerbereinigungsgesetz 1999, SteuerStud 2000, S. 389 ff.

Weiterführende Literatur:

Bitz, M., Schneeloch, D., Wittstock, W., Der Jahresabschluß, 3. Aufl., München 2000.

Blödtner, W., Bilke, K., Weiss, M., Lehrbuch Buchführung und Bilanzsteuerrecht, 5. Aufl., Herne/Berlin 2001.

Dicken, A., Bilanzsteuerrecht, Hamburg 1994.

Falterbaum, H., Bolk, W., Reiß, W., Eberhart, R., Buchführung und Bilanz, 18. Aufl., Achim 2001.

Horschitz, H., Groß, W., Weidner, W., Bilanzsteuerrecht und Buchführung, 8. Aufl., Stuttgart 2000.

Koltermann, J., Fallsammlung Bilanzsteuerrecht, 10. Aufl., Herne/Berlin 1998.

Stichwortverzeichnis

www.ingramcontent.com/pod-product-compliance
Lightning Source LLC
LaVergne TN
LVHW042245300926
849161LV00003B/472

* 9 7 8 3 4 8 6 2 5 8 8 3 7 *